Die Rituale von Göbekli Tepe

Jäger und Ahnen,
Göttin und Kundalini

Kontakt: www.HarryEilenstein.de
Harry.Eilenstein@web.de
Harry Eilenstein bei youtube

Herstellung und Verlag: BoD – Books on Demand, Norderstedt

ISBN: 9783756857135

Inhaltsverzeichnis

I Ungewißheit, Schlüssigkeit und Nutzen

In meinem Buch „Göbekli Tepe", das ich vor mehr als 10 Jahren geschrieben habe, befindet sich bereits eine kurze Beschreibung des Rituals, das wahrscheinlich in den Tempeln von Göbekli Tepe durchgeführt worden ist. Da sich inzwischen erstens etliche neue Erkenntnisse über die damalige Zeit ergeben haben, zweitens das Bild der Göttin von Göbekli Tepe klarer geworden ist, und drittens auch einige Verbindungen zu den Mythen und Ritualen vor allem der frühen Königreiche in Ägypten und Mesopotamien deutlicher geworden sind, können die Ritual von Göbekli Tepe nun umfassender und detailreicher rekonstruiert werden.

Natürlich kann man nur das vollkommen sicher wissen, was man gesehen hat – aber diesen Grad an Gewißheit kann man bei vielen Themen nicht erlangen. Daher bleibt einem oft – so wie auch bei den Ritualen von Göbekli Tepe – nur übrig, alles, was über das Thema bekannt ist, zu betrachten und daraus eine möglichst plausible und widerspruchsfreie Schlußfolgerung zu ziehen. Dabei ist es hilfreich, wenn man stets den Grad an Wahrscheinlichkeit, mit dem man etwas sagen kann, im Blick behält – das gehört zu einer präzisen Beschreibung dazu.

Schließlich kann man sich noch fragen, wozu solche Rekonstruktionen von Ritualen, die möglicherweise vor 12.000 Jahren in Nord-Meosopotamien einmal üblich gewesen sind, nützlich sein können. Dies ist mindestens ein dreifacher Nutzen: Erstens versteht man die Entwicklung zu unserem heutigen Weltbild hin besser, zweitens hilft es auch die Psyche besser zu verstehen, da die Geschichte der Menschen sich in dem Aufbau der Psyche wiederfindet, und drittens hat sich herausgestellt, daß solche alten Weltbilder und Rituale ausgesprochen heilsam für die heutigen Menschen sein können.

In meiner Tätigkeit als Lebensberater hat sich gezeigt, daß insbesondere für Frauen, die einen Burnout haben, mißbraucht worden sind oder unterdrückt worden sind, Traumreisen in diese alten Tempel auf dem „Bauchberg" zu der Göttin von Göbekli Tepe ausgesprochen heilsam sind. Das Erlebnis einer Jäger-Göttin, die ganz anders ist als das heutige Frauenbild, gibt diesen Frauen oft Kraft und Mut und eine neue Zuversicht.

Weiterhin kann das Ritual von Göbekli Tepe auch den Leitern und Leiterinnen von Schwitzhütten neue Inspirationen geben.

Es lohnt sich daher, diese alten Rituale so genau wie möglich zu rekonstruieren, denn sie können durchaus einen großen Nutzen haben – wobei die aufgezählten Anwendungsmöglichkeiten und Wirkungen nur die sind, die mir selber bisher deutlich geworden sind …

II Die heiligen Orte

Es gibt in Göbekli Tepe und in seiner Umgebung verschiedene „heilige Orte". Dies sind natürlich zuerst einmal die Tempel auf dem Bauchberg („Göbekli Tepe") selber, aber auch die Mulden-Gruppen, die Wohnhäuser, die Gräber, die Wasserstellen usw.

II 1. Der Tempel

Im Folgenden wird nur der allgemeine Aufbau dieser Tempel dargestellt, da sich eine ausführliche Beschreibung bereits in meinem Buch „Göbekli Tepe" findet.
Die Tempel von Göbekli Tepe bestanden aus sechs Elementen:

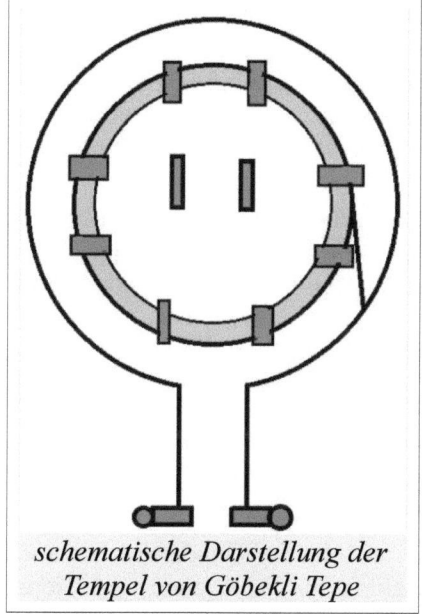

schematische Darstellung der Tempel von Göbekli Tepe

- eine innere, kreisförmige Mauer mit einem Durchmesser von 10m oder mehr, die aus aufeinander geschichteten Steinen besteht, auf der sich ein Kuppeldach aus Stöcken und Fellen befand;

- eine äußere kreisförmige Mauer aus aufeinander geschichteten Steinen, die die innere Kreismauer im Abstand von ca. 1m umschloß und ebenfalls von einer Ast/Fell-Kuppel überdacht war;

- eine Bank an der Innenseite der inneren Kreismauer (in der Skizze hellgrau), die Platz für ca. 30 Menschen bot (das war damals die ungefähre Sippengröße);

- eine kurze Mauer, die an einer Stelle die beiden Kreismauern miteinander verbunden hat;

- ein kurzer Gang aus zwei Steinmauern mit Ast/Fell-Dach, der zu dem äußeren Mauerkreis und in ihn hinein führte;

- in der Regel acht rechteckigen Pfeilern in der inneren Kreismauer, die stark stilisierte Menschen darstellen;

- zwei ebenfalls rechteckige, aber größere Pfeiler in der Mitte des Tempels, die ebenfalls Menschen darstellen;

- eine Steinplatte mit Loch zum Durchkriechen vor dem Eingang, auf der sich zwei Panther-Skulpturen befinden.

Von außen betrachtet wirkt das Ganze wie ein großer Iglu: eine Kuppel, zu der ein kurzer röhrenartiger Gang führt. Die Iglus der Eskimos sind letztlich die an die arktische Umgebung angepaßten Wohnhütten der Altsteinzeit – Hütten aus Eisblöcken.

Die Symbolik dieser Tempel ist schlicht und ergreifend:

- die innere Kuppel ist das Kind,
- die äußere Kuppel ist der Bauch der Mutter,
- die kurze Verbindungsmauer zwischen beiden ist die Nabelschnur,
- der Gang ist die Vagina der Mutter;
- die acht Menschen-Pfeiler sind die Ahnen,
- die beiden großen Pfeiler in der Mitte sind vermutlich „Leib und Seele".

Das den Tempeln zugrundeliegende Bild ist dasselbe wie in den Schwitzhütten: die Menschen im Bauch der Großen Mutter, die zudem von ihren Ahnen beschützt werden.

Die acht Pfeiler gehen vermutlich auf die Äste, aus denen man eine Schwitzhütte errichtet, zurück. Die „8" ist die Zahl der Vollständigkeit und Vollkommenheit. (In den heutigen Schwitzhütten werden meistens 12 Äste verwendet, da die „12" die „8" in ihrer Vollkommenheits-Symbolik abgelöst hat.)

Der Gang vor dem Tempel ist möglicherweise von den Wohnhütten übernommen worden – zumindest spricht der Eingangs-Gang der Iglus für diese Deutung.

Dieser Gang wird die Funktion gehabt haben, die Wärme besser in der Hütte bzw. in dem Iglu zu halten.

Es gibt noch zwei weitere architektonische Details in diesen Tempeln:

- vor dem Eingang des Ganges stand oft eine Steinplatte, auf der Tiere eingraviert gewesen sind oder auf der zwei Panther-Skulpturen gestanden haben und die in der Mitte ein Loch hatte, durch das man in den Gang kriechen konnte – die Öffnung des Schoßes der Mutter;

- in der Tempelmauer standen manchmal anstelle der Quader-Säulen auch steinerne Totempfähle, auf denen durch Reliefs von Menschen und Tieren verschiedene Themen dargestellt worden sind.

Um den Tempel zu betreten, mußte man durch den Lochstein kriechen, dann durch den Gang krabbeln und schließlich mithilfe von zwei kurzen Leitern außen über den inneren Mauerring hinauf und dann innen wieder hinabklettern.

Das Bild auf der nächsten Seite ist eine Rekonstruktion eines der Tempel von Göbekli Tepe – ohne die beiden Kuppeldächer aus Ästen und Fellen auf den beiden Mauerkreisen.

Rekonstruktion eines der Tempel von Göbekli Tepe
(ohne die beiden ineinanderstehenden Kuppeldächer auf den beiden Steinkreisen)

Die Tempel von Göbekli Tepe kann man wie folgt architektonisch einordnen:

- Die ersten Hütten aus steinerner Ring-Mauer und Dachkuppel aus Ästen, Laub und Fellen sind vor 1,7 Millionen Jahren errichtet worden.

- Vermutlich sind die ersten Schwitzhütten zu Beginn der Eiszeit von dem damaligen Homo erectus entwickelt worden. Sie stellten den „Schwangerschaftsbauch der Erde" oder auch schlicht die „schwangere Mutter" dar. Die Stäbe in der Schwitzhütte, gaben der Hütte den Halt und könnten daher schon früh mit den Ahnen assoziiert worden sein.

- Möglicherweise gab es bereits in der späten Altsteinzeit, d.h. seit 50.000 Jahren, den Brauch, auf Gräbern Reisighügel zu schichten, die den Bauch der mit dem Toten vor dessen Wiedergeburt schwangeren Erde/Mutter dargestellt haben. Solche Hügel finden sich später bei den Skythen nördlich des Schwarzen Meeres.

- Die Tempel von Göbekli Tepe sind detailliert ausgeführte Darstellungen des Schwitzhütten-Motivs „Kind im Bauch der Mutter".

- ab 7000 v.Chr. entstanden Steinkreise mit Steinalleen, die dem Bauplan „Gang und Kammer" entsprachen, wobei jedoch die Mauern fortgelassen worden sind und nur die Pfeiler in der Form einfacher, unbehauener Steine aufgerichtet worden sind. Diese im Kreis und als Weg stehenden Steine sind also die Nachfolger der T-förmigen Ahnenpfeiler aus Göbekli Tepe und somit auch die Nachfolger der Stäbe, aus denen man eine Schwitzhütte errichtet. Die beiden hohen Menhire am Anfang einer Steinallee gehen auf die beiden Pantherstatuetten zurück.

- Ab ca. 4500 v.Chr. wurden die Reisig-Grabhügel als Hügel aus Steinen und Erde ausgeführt: Die Hügelgräber. Sie waren anfangs alle noch Gruppengräber und keine Einzelgräber. Auch sie bestehen aus „Gang und Kammer". Sie schließen symbolisch direkt an die Tempel von Göbekli Tepe an – auch die Tempel auf dem „Bauchberg" wurden nach dem Ende ihrer Benutzung mit Erde und Steinen zugeschüttet, d.h. „begraben".

- ab 3000 v.Chr. wurden in Mesopotamien und Ägypten Tempel errichtet, die aus einem langen Gang und einer Kammer mit dem Götterbild bestanden. Am Anfang dieses Ganges standen zwei Turm-artige Gebäude, die auf die beiden Panthersteine zurückgehen. Die Pyramiden sind eckige Versionen der Grabhügel, die weiterhin „Gang und Kammer" enthalten. Selbst die christlichen Kirchen und die islamischen Moscheen sind noch nach dem Muster „Gang (Mittelgang) und Kammer (Altarraum)" plus zwei Türme am Eingang (die bei einer Moschee oft zu einem einzigen „hohen Tor" zusammengefaßt worden sind) aufgebaut.

Die Tempel von Göbekli Tepe wurden von einer großen Gemeinschaft von mehreren Hundert Personen gebaut, aber von jeweils einer Sippe von ca. 30 Personen genutzt.[1]

---

1 Für weitere Details siehe mein Buch „Göbekli Tepe".

II 2. Der Bauchberg

Der türkische Name „Göbekli Tepe" des Ortes, an dem sich die Tempel befinden, bedeutet „Bauchberg". Da die Tempel auf ihm wie Schwitzhütten aufgebaut sind und detaillierte Darstellungen des Motivs „Kind in Mutterbauch" sind, ist es gut denkbar, daß der Name „Göbekli Tepe" die wörtliche Übersetzung des Namens ist, den dieser Berg auch schon zu der Zeit der Erbauer von Göbekli Tepe gehabt hat.

Dieser Berg liegt im Norden der Ebene, in der die damaligen Menschen gejagt haben. Wie die Symboliken der Tempel zeigen, ist der Norden die Richtung, in der das Jenseits lag – diese Symbolik findet sich auch noch viel später in den Mittelmeerkulturen, bei den Indogermanen und in China.

Die Jagd-Ebene im Süden ist das Diesseits (chinesisch: „Yang") und der Berg im Norden das Jenseits (chinesisch „Yin").

Der Eingang der Tempel lag im Süden (Diesseits), d.h. man ging nach Norden hin in das Jenseits in den Tempel hinein. Auch fast alle Eingänge der Hügelgräber liegen im Süden – die Toten wurden in die Grabkammer nach Norden hin gebracht, d.h. sie wurden symbolisch gesehen in das Jenseits getragen.

Daher werden nicht nur die Tempel auf dem Bauchberg, sondern auch dieser Berg selber eine Bedeutung gehabt haben – vermutlich „Jenseits-Eingang" und „Mutterbauch der Erde". Ob es auch Rituale gegeben hat, die sich nur auf den Berg bezogen haben, ist unklar – darauf gibt es keine Hinweise. Dieser Berg als der Ort der Tempel legt jedoch nahe, daß dieser Berg jedoch zumindestens als „heilig" angesehen worden ist.

Es wäre interessant zu wissen, was sich oben auf dem Gipfel des Berges befindet – die bisher ausgegrabenen Tempel liegen kurz unterhalb des Gipfels. Der Baum oben auf dem Gipfel gilt bei den Einheimischen als „heiliger Baum".

Der gesamte Gipfel des Göbeli Tepe besteht aus mit Erde zugeschütteten Tempeln.

Ausgrabungen kurz unter dem Gipfel des „Bauchbergs"

II 3.   Die Schwitzhütten

Die Schwitzhütten gehen sehr wahrscheinlich bis in die frühe Eiszeit zurück, d.h. bis vor 600.000 Jahren. Es gab damals bereits Hütten, die mit glühenden Steinen beheizt wurden. Aufgrund der Nahtod-Erlebnisse und der damit verbundenen Astralreise (man verläßt vorübergehend den eigenen Körper) wird es auch schon eine Seelenvorstellung gegeben haben, der wiederum die Grundlage des Ahnenkultes ist, der eine wichtige Grundlage der überlieferten Schwitzhüttenzeremonien in Eurasien und Amerika ist.

Zu dieser Überlegung paßt es auch, daß Schwitzhütten in Eurasien nur in den kalten Gebieten zu finden sind, in denen die Nachkommen des damaligen Homo erectus bzw. dessen kulturelle Erben, der Homo sapiens, lebt.

Da die Menschen um 14.000 v.Chr. aus diesen Kaltgebieten (Nordost-Sibirien)

12

heraus nach Amerika eingewandert sind, ist die Schwitzhütte in Amerika überall bekannt – auch im heißen Mittelamerika.

Dadurch, daß der spirituelle Anteil der Schwitzhütten in manchen Kulturen verblaßt ist, sind die Saunas, die Thermen u.ä. entstanden.

Man kann mit einiger Berechtigung vermuten, daß es damals in Göbekli Tepe auch noch Schwitzhütten gegeben hat. Es hat die Schwitzhütten sowohl vorher bei den Menschen in der späten Altsteinzeit gegeben, die sie vor 14.000 Jahren von Sibirien aus mit nach Amerika gebracht haben und die sie in Nordmesopotamien zu den Tempeln von Göbekli Tepe umgewandelt haben – und es hat die Schwitzhütten auch noch nachher z.B. bei den indogermanischen Skythen nördlich des Schwarzen Meeres gegeben und ebenso in Sibirien und Finnland, wo sie sich nach und nach zum „Banja" und zur „Sauna" verwandelt haben.[2]

Schwitzhütte der Dakotas (die Decken sind teilweise hochgerollt worden)

---

2 Für weitere Details siehe mein Buch „Schwitzhütten".

II 4.   Die Mulden-Gruppen

In dem Fels des Göbekli Tepe, auf einzelnen Steinen, auf dem Terrazzo-Boden der Tempel und oben auf den T-Pfeilern sind Vertiefungen in Gruppen von 9-33 Löchern angebracht worden sind. Diese Mulden sind meistens rund und haben einen Durchmesser von ca. 10-20cm.

Die Orte, an denen sie angebracht worden sind – insbesondere auf den Köpfen der Ahnen, die durch die T-Pfeiler dargestellt werden – läßt vermuten, daß diese Mulden „Tore zum Jenseits" gewesen sind.

Wahrscheinlich sind sie im Zusammenhang mit Ritualen verwendet worden, die im Vergleich zu einem „Tempel-Ritual" deutlich einfacher gewesen sein werden. Dies muß der großen Anzahl dieser Muldengruppen zufolge ein recht häufiges Ritual gewesen sein.

Die Anzahl der Mulden in einer Gruppe entspricht in etwa der Anzahl von Personen in einer Sippe (Großfamilie) und auch der Anzahl an Sitzplätzen innen an der inneren Tempelmauer. Das läßt darauf schließen, daß sowohl die Tempel-Rituale auch auch die Mulden-Rituale Sippen-Rituale gewesen sind – was natürlich nicht ausschließt, daß auch mal eine einzelne Person an ihrer Mulde in der Mulden-Gruppe ihrer Sippe ein Ritual durchgeführt hat. Die Anordnung dieser Löcher in Gruppen läßt jedoch darauf schließen, daß auch hier der Sippenzusammenhalt wichtig gewesen sein muß.

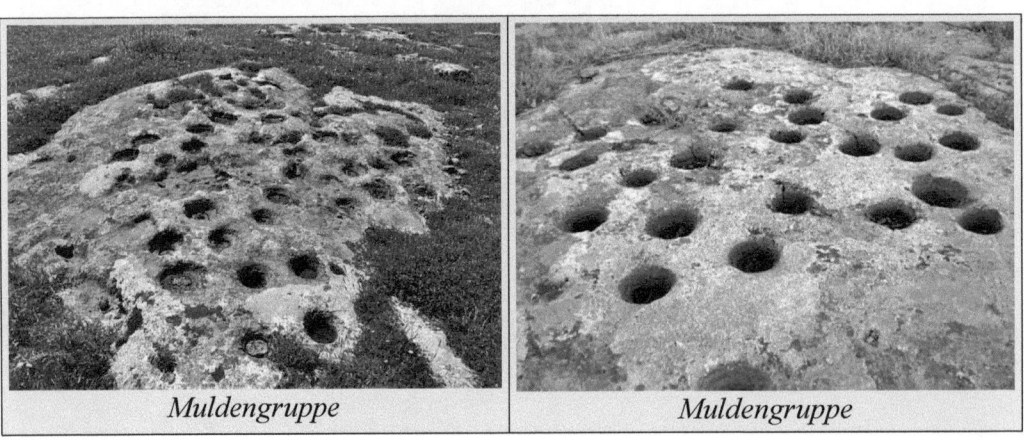

Muldengruppe   *Muldengruppe*

II 5. Die großen Mulden

Vereinzelt gibt es auch große, runde Mulden, die groß genug und tief genug dafür sind, daß ein Mensch in ihnen sitzen kann. Wenn diese Mulden mit Wasser gefüllt wären, wären sie groß genug, um einen Menschen vollständig in ihnen unterzutauchen.

Es ist somit denkbar, daß die kleinen Mulden Mini-Versionen dieser großen Mulden sind, in denen ein Mensch durch das Untertauchen im Wasser eine symbolische Jenseitsreise machen könnte.

große Mulde mit Regenwasser

Loch mit Erhöhung in der Mitte

II 6. Die Gräber

Bisher sind keine Gräber aus dem Umfeld von Göbekli Tepe bekannt, sodaß man auch nicht von den Gräbern der Ahnen als Kultstätten sprechen kann. Die Ahnen erscheinen hingegen kollektiv als die T-Pfeiler in den Mauern von Göbekli Tepe.

In der mit Steinen vermischten Erde, mit denen die Tempel nach dem Ende ihrer Benutzung aufgefüllt worden sind, sind jedoch bisher ca. 700 Knochen von Menschen gefunden worden.

Daraus kann man schließen, daß diese Knochen vor dem Auffüllen des Tempels sich entweder dort befunden haben, von wo man das Füllmaterial geholt hat – also ganz in der Nähe der Tempel – oder daß man das Füllmaterial absichtlich mit diesen Knochen vermischt hat. Aus beiden Varianten kann man schließen, daß die Knochen der Toten aufbewahrt wurden – es muß also irgenwo einen „Knochenplatz" oder ein „Beinhaus" gegeben haben. Rituale an diesen Orten kann man zumindestens nicht sicher auschließen.

Die Schädelknochen der Toten wurden auf mehrere Weisen bearbeitet: Manche wurden mithilfe von Feuerstein eingeritzt, während in ander oben auf der Schädelmitte ein Loch gebohrt wurde. Diese Veränderungen sind erst nach dem Tod des Betreffenden vorgenommen worden.

Möglicherweise wurden diese Ritzungen benutzt, um den Unterkiefer besser an dem Schädel anbinden zu können. Es wäre denkbar, daß man das Loch oben an dem Schädel zum Aufhängen des Schädels in der Wohnhütte verwendet hat.

In der frühen und mittleren Jungsteinzeit in Mesopotamien gab es den Brauch, die Toten zunächst einmal zu bestatten, aber dann nach einer Weile wieder auszugraben und die Knochen in ein Beinhaus zu bringen, während der Schädel selber bemalt oder mit Ton überzogen und zu einem sehr realistisch-individuellen Gesicht gestaltet wurde. Diese Schädel waren „Tore zu den Ahnen", die in Nischen in der Mauer der Wohnhütte aufbewahrt wurden. Vermutlich kamen auch sie in das Beinhaus, wenn alle gestorben waren, die diesen Toten noch persönlich gekannt haben – dieses Verfahren ist u.a. aus Afrika gut bekannt.

Man kann daher vermuten, daß auch die Menschenknochen in dem Füllmaterial in den verlassenen Tempeln von Göbekli Tepe aus solchen „Knochensammlungen" stammen und daß die Knochen in dem Füllmaterial eines bestimmten Tempels auch zu den Mitgliedern der Sippe gehören, die in diesem Tempel ihre Rituale durchgeführt haben.

Vermutlich sind die Schädel wie in der mittleren Jungsteinzeit in den Wohnhütten ca. zwei Generationen lang aufbewahrt worden – eben bis niemand den Toten mehr persönlich gekannt hat und daher auch niemand mehr Kontakt zu diesem bestimmten Toten aufnehmen wollte.

Aus diesen Schädeln und diesen Schädel-Masken aus Ton sind dann 7000 Jahre später die berühmten Goldmasken der ägyptischen Pharaonen in ihren Gräbern geworden.

II 7. Die Totempfähle

In Göbekli Tepe und etwas weiter im Norden in Nevali Cori gab es steinerne Totempfähle. Sie haben bereits eine sehr differenzierte Symbolik, die zeigt, daß dies nicht die ersten Totempfähle sein können, die jemals hergestellt worden sind, sondern daß ihnen viele andere und zum Teil einfachere Totempfähle aus Holz vorausgegangen sein müssen.

Die erste Darstellung eines Totempfahls, d.h. eines Stabes, auf dem oben ein Vogel sitzt, ist in den Höhlenmalereien von Lascaux zu finden, die vor 18.000 Jahren angefertigt worden sind. Derartige steinerne Vogelstäbe, also Stäbe mit Vogelkopf am oberen Ende sind auch aus Göbekli Tepe und den umliegenden Fundorten bekannt.

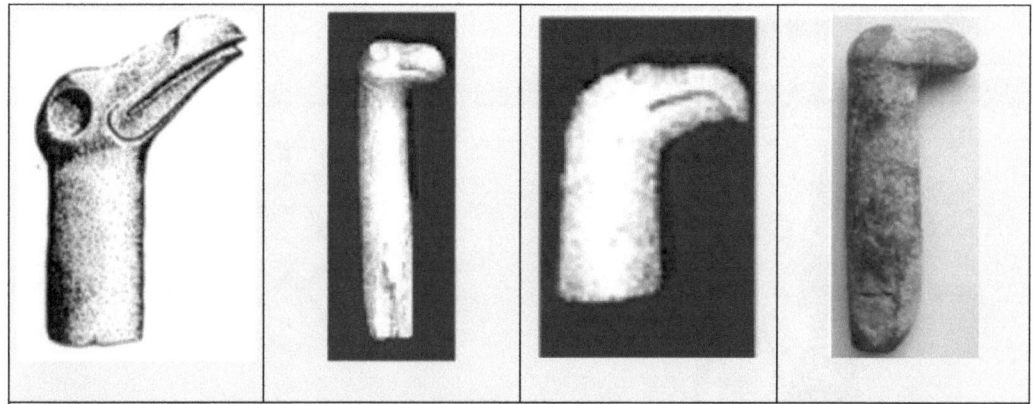

Oberteile von Vogelstäben, die vermutlich als Schamanen-Abzeichen o.ä. benutzt worden sind; Nemrik, 8500 v.Chr.

Vor 12.000 Jahre wurde in Shigir am Südende des Uralgebirges, ca. 2600km nordöstlich von Göbekli Tepe, ein 4m hoher hölzerner Totempfahl gefunden, der von seiner Größe her den größeren T-Pfeilern von Göbekli Tepe entspricht.

Vogelstäbe gibt es weltweit – Totempfähle und Ahnenpfeiler aller Art finden sich hingegen auf allen Kontinenten außer auf Afrika. Das läßt darauf schließen, daß die Totempfähle erst in der späten Altsteinzeit (50.000-10.000 v.Chr.) in Eurasien aus dem Vogelstab entwickelt worden sind, da es die Vogelstäbe, die die Vorläufer der Totempfähle und Ahnenpfeiler sind, auch in Afrika gibt, von wo aus der Homo sapiens nach Eurasien eingewandert ist.

Zu den Nachkommen dieser spät-altsteinzeitlichen Totempfähle zählen auch die T-Pfeiler von Göbekli Tepe, die Menhire in den Steinkreisen und Steinalleen, die Statuen von Ahnen und Göttern, die Säulen der Tempel und die Türme vor den Tempeln.

Die altägyptischen Hathor-Säulen entsprechen noch vollständig einem der steinernen Totempfähle von Nevali Cori: eine Säule, an der sich oben zwei Frauen-Gesichter befinden, die in entgegengesetzte Richtung blicken – die Göttin des Diesseits und des Jenseits. Auch das ebenfalls aus Nevali Cori stammende Totempfahl-Motiv des auf den Schultern hinter dem Kopf eines Menschen sitzende Vogel findet sich noch 6000 Jahre später in Ägypten z.B. bei einer Statue des Pharaos Chephren wieder, der eine der beiden großen Pyramiden hat erbauen lassen.

Die Grundsymbolik des Vogelstabes und des Totempfahles ist schlicht: Der Stab bzw. Pfahl ist der Mensch – der Vogel oben auf dem Stab bzw. Pfahl ist die Seele dieses Menschen. Die Seele wird weltweit als Vogel dargestellt, weil die Seele durch die unfreiwilligen Astralreisen bei Nahtod-Erlebnissen entdeckt worden ist und man sich bei diesen Astralreise als über dem eigenen Körper schwebend erlebt.[3]

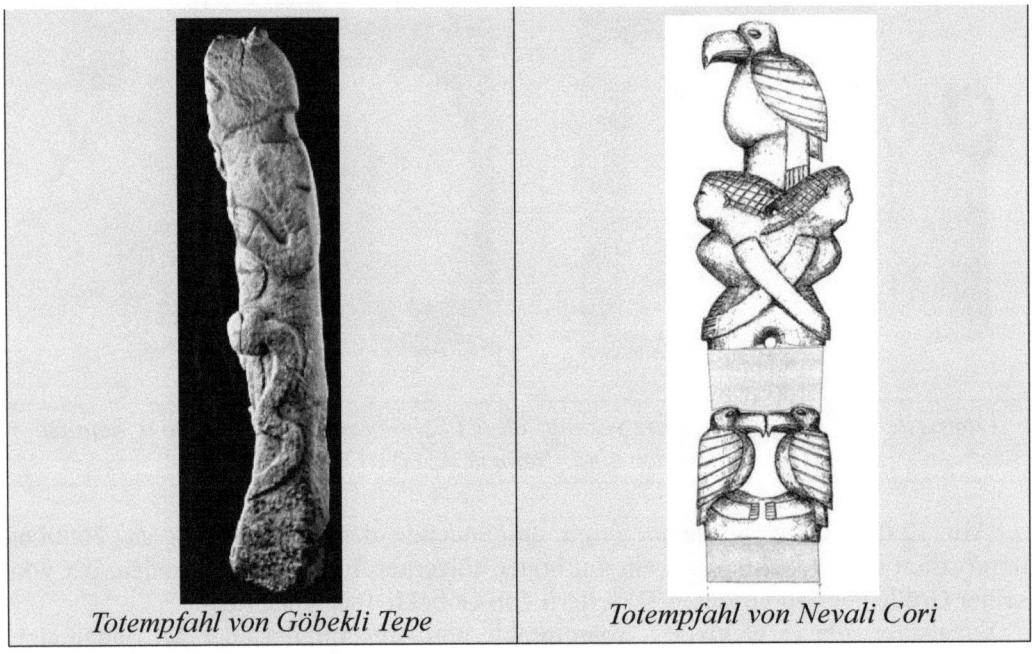

Totempfahl von Göbekli Tepe   *Totempfahl von Nevali Cori*

II 8. Die Wasserstellen

Aus Göbekli Tepe sind keinerlei Wasser-Heiligtümer bekannt. Der Shigir-Totempfahl, der zu der Zeit der Tempel von Göbekli Tepe in Benutzung hergestelt worden ist, ist jedoch in einem Moor gefunden worden. Noch die frühen Germanen haben sehr schlichte hölzerne Totempfähle („Idole") als Ahnen oder Götter verehrt und sie teilweise in Mooren versenkt.

Von den Indogermanen, den Sumerern, den Chinesen und etlichen anderen Völkern ist die Vorstellung bekannt, daß Quellen, Moore und Seen die Eingänge zu der Wasserunterwelt sind. Das „Große Wasser" in der Unterwelt war aus der damaligen Sicht offensichtlich: Das Süßwasser kam aus der Erde herauf und auch die Wolken, die den Regen brachten, kamen (scheinbar) am Horizont aus der Erde empor.

Im I Ging heißt es daher über große Veränderungen, die das Ausmaß einer Jenseitsreise haben und denen man sich stellen sollte: „Förderlich ist es, das Große Wasser zu

---

3 Für weitere Details siehe mein Buch „Totempfähle – auf fünf Kontinenten".

durchqueren."

Inwieweit die Menschen von Göbekli Tepe irgendwelche Rituale an Quellen oder Flüssen durchgeführt haben, ist unbekannt, da diese Rituale keine Spuren hinterlassen haben. Es wäre lediglich denkbar, daß man die Mulden mit Wasser gefüllt hat, bevor man sie als Jenseitstor benutzt hat. Aber das ist nur eine sehr vage Hypothese …

II 9. Die Wohnhütten

Das einzige, was man über die damaligen Wohnhütten als Kultplatz sagen kann, ist, daß in ihr die Totenschädel der Ahnen aufgestellt oder aufgehängt worden sind.

| *ältere Form der Wohnhütten* | *jüngere Form der Wohnhütten* |

III Götter, Ahnen und Tiergeister

Tempel und Heilige Orte sind dafür gedacht, an ihnen nicht-materielle Wesen zu treffen und mit ihnen Kontakt aufzunehmen. Diese Wesen werden daher in den Ritualen von Göbekli Tepe eine sehr wichtige Rolle gespielt haben.

Diese nicht-materiellen Wesen haben den archäologischen Funden zufolge schon damals eine beachtliche Vielfalt aufgewiesen – und das ist nur der Teil, der sich nachweisen und rekonstruieren läßt.

III 1. Die zweifache Göttin

Auf einer Steinplatte, die in einem der Tempel von Gönekli Tepe gefunden wurde, ist eine nackten, sitzende Frau dargestellt. Sie hält ihren linken Arm nach oben und ihren rechten Arm nach unten. Dies ist ein altes Motiv, da es in den Malereien und Ritzungen der späten Altsteinzeit bereits mehrfach vorkommt. Es hat sich auch lange Zeit halten können und findet sich selbst heute noch als Symbolik des Buchstabens „א" (Aleph) im hebräischen Alphabet, als Segensgeste in der anthroposophischen Christengemeinschaft sowie im Tarot als die Geste des Magiers und des Teufels.

Die Bedeutung dieser Geste ist in allen Fällen dieselbe: die Verbindung von oben und unten, von Seele und Körper, von Diesseits und Jenseits.

Eine spät-altsteinzeitliche Variante dieses Motivs ist besteht aus zwei Frauen-Oberkörpern, die wie bei einer Skatkarte zusammengesetzt worden sind: die Göttin des Diesseits und die Göttin des Jenseits.

Es gibt in Göbekli Tepe mehrere Symbole, die die Verbindung zwischen Dieseits und Jenseits darstellen. Weiterentwicklungen dieses Symbols finden sich um 7000 v.Chr. in Çatal Höyük in der Türkei, um 6000 v.Chr. auf einem Menhir in Portugal, um 1000 v.Chr. auf bemalten Felsplatten in dem Hügelgrab von Kivik und um 500 n.Chr. auf germanischen Brakteaten (Talisman-Münzen).[4]

---

4 Für weitere Details siehe mein Bücher „Isis" und „Die Göttin von Göbekli Tepe".

Frau, linker Arm oben,
rechter Arm unten;
Galgenberg, 32.000 v.Chr.

zweifache Frau;
Laussel, 30.000 v.Chr.

Frau, linker Arm oben,
rechter Arm unten;
Releveuco, 17.000 v.Chr.

zwei Frauen;
Angle sur Anglin,
12.000 v.Chr.

Frau, linker Arm oben,
rechter Arm unten;
Göbekli Tepe,
10.000 v.Chr.

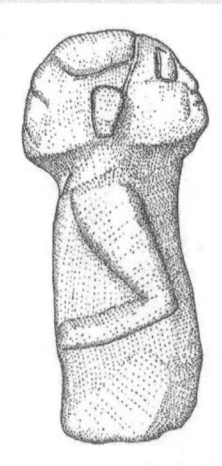

zweigesichtiger Mann;
die hintere Seite ist durch
das Gesicht zu erkennen,
die Vorderseite durch die
Haltung der Arme; Gö-
bekli Tepe, 10.000 v.Chr.

*Reste eines steinernen To-
tempfahls: zwei Frauen-
köpfe (von dem linken sind
nur noch die Haare zu se-
hen) und Seelenvogel;
Nevali Cori, 9.000 v.Chr.*

*Frau, linker Arm oben,
rechter Arm unten;
Mierlo, 9.000 v.Chr.*

*Doppelfrau (Diesseits- und
Jenseitsgöttin);
Çatal Höyük, 7.000 v.Chr.*

*Doppelfrau;
Hacilar, 6.000 v.Chr.*

*Doppelfrau;
Hacilar, 6.000 v.Chr.*

*Doppelfrau;
Hacilar, 6.000 v.Chr.*

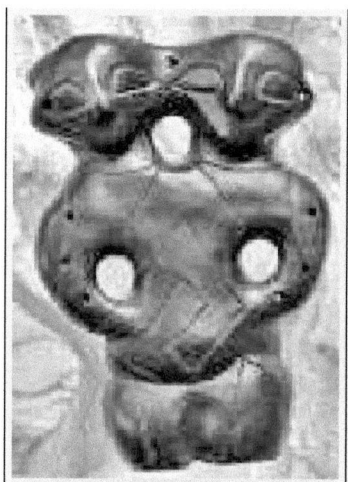

Doppelfrau;
Gamalova, 4.000 v.Chr.

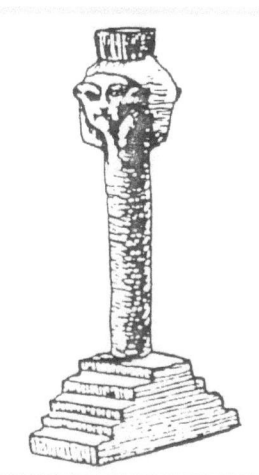

Hathorsäule (Säule mit
zwei Gesichtern der Göttin
Hathor, die in entgegen-
gesetzte Richtung blicken;
Ägypten, 2500 v.Chr.

der Pharao (Mitte) und die
beiden Ma'at-Göttinnen;
Ägypten, 1800 v.Chr.

Janus-Statue;
römisch

Tarot: Der Magier; im Ge-
gensatz zu den Steinzeit-
Göttinnen hält er den rech-
ten Arm nach oben

„Der Menschheits-
repräsentant" (linker Arm
oben); Kultbild in Dor-
nach (Anthroposophen)

23

III 2. Die Panthergöttin

Aus der späten Altsteinzeit ist noch keine Panthergöttin bekannt, sondern nur drei Löwen- oder Panthermänner, von denen einer der allgemein bekannte, um ca. 36.000 v.Chr. aus Elfenbein erschaffene Löwenmann bzw. Panthermann ist.

Löwenmann, Deutschland

Löwenmann, Demi-Rondelle

Löwenmann; Hohlenstein, 36.000 v.Chr.

In den Tempeln von Göbekli Tepe erscheinen um 10.000 v.Chr. zwei Panther am Eingang des Tempels, der den Körper der schwangeren Göttin darstellt, weiterhin je ein Panther auf den beiden großen T-Pfeilern in der Mitte, sowie recht viele Panther auf den anderen T-Pfeilern und auch einzelne Panther-Statuen.

In Çatal Höyük in der Türkei erscheint um 7000 v.Chr. eine Göttin auf einem Thron, dessen Armlehnen von zwei Panthern gebildet werden.

In den frühen schriftlichen Kulturen erscheint die Raubkatzen-Göttin in Meopotamien als die beiden Löwen der Inanna bzw. Ishtar; in Ägypten als die Panthergöttin Mafdet, die Löwengöttin Sachmet, die Katzengöttin Bastet, als die beiden Ru-Löwen und die Sphinx; in der Türkei als Artemis mit dem von zwei Löwen gezogenen Wagen; in Mykene als die beiden Löwen am Stadttor; bei den Germanen als der von zwei Katzen gezogene Wagen der Freya; bei den Chinesen als die beiden Löwen am Tempeleingang; usw.

Da die Menschen bis 8500 v.Chr. hauptsächlich von der Jagd gelebt haben, wird das Großraubtier das Ideal der damaligen Jäger gewesen sein – sie wollten so schnell und effektiv wie ein Großraubtier jagen können. Sie wollten also – magisch gesehen – ein Höhlenlöwe, ein Panther oder ein Bär werden, um immer erfolgreich jagen zu können. Diese „Großraubtier-Verwandlung" erhofften sie offensichtlich von der Göttin zu erhalten, da sie die Göttin eng mit diesem Großraubtier verbunden haben.

Diese Symbolik reicht bis mindestens in die späte Altsteinzeit zurück, da seit ihr Löwenmänner bekannt sind und zudem die oben genannten Indogermanen, Ägypter, Sumerer und Chinesen von diesen spät-altsteinzeitlichen Jägern abstammen.

Möglicherweise ist diese Panthergöttin als „Maruti", d.h. als „Mutter mit den beiden Panthern" bezeichnet worden: „ma" = „Mutter"; „ru" = Großkatze"; „t" = Feminin-Endung; „i" =Dual-Endung (bezieht sich auf die beiden Großkatzen). Diese Namens-Rekonstruktion ist jedoch reine Spekulation, auch wenn man davon ausgehen kann, daß die Menschen von Göbekli Tepe diesen Namen verstanden hätten. Ein Zusammenhang mit den indischen Sturmgöttern, die „Maruts" genannt werden, ist eher unwahrscheinlich.

Die Sprache der Menschen in Göbekli Tepe läßt sich teilweise aus dem gemeinsamen Vokabular der Sumerer, Elamiter, Ägypter, Indogermanen und einiger anderer Völker, die von den Erbauern von Göbekli Tepe abstammen, rekonstruieren.

Panthertempel, Göbekli Tepe, 9.500 v.Chr.

Tempel-Eingang mit zwei Panther-Statuen (Rekonstruktion); Göbekli Tepe 9.500 v.Chr.

25

Göttin mit zwei Löwen;
Kreta, ca. 2000 v.Chr.

Göttin auf dem Panther-
thron, Çatal Höyük, 7000
v.Chr.

Inanna mit zwei Löwen;
Mesopotamien,
ca. 2000 v.Chr.

ägyptischer Thron einer
Göttin mit zwei Löwen
ca. 1.000 v.Chr.

Cybele auf ihrem
Löwenthron
Phrygien (Kleinasien)
ca. 500 v.Chr.

Durga mit Löwe; Indien,
zeitgenössisch

III 3. Die Kuhgöttin

In den frühen Kulturen von Ägypten, Sumer und Elam, aber auch noch in vielen späteren Kulturen wie bei den Germanen, den Indern und den Indianern erscheint die Muttergöttin sehr oft als Kuhgöttin.

Dieses Motiv läßt sich für Göbekli Tepe nicht direkt nachweisen, aber die Verbreitung dieses Motivs in Eurasien und Amerika läßt auf einen gemeinsamen Ursprung spätestens in der ersten Hälfte der späten Altsteinzeit (50.000-25.000 v.Chr.) schließen, da die Indianer von Menschen aus Nordost-Sibirien abstammen, die um 14.000 v.Chr. nach Alaska hinübergewandert sind.

Das weit verbreitete Motiv der Wiederzeugung, das der Wiedergeburt durch die Göttin im Jenseits vorausgeht, ist ein weiterer Hinweis auf die Vorstellung einer Kuhgöttin in Göbekli Tepe. Zur Absicherung der Zeugungskraft des Toten sowie der Fruchtbarkeit der Göttin bei der Wiederzeugung wurden beide mit einem Herdentier assoziiert, da die Herdentiere ja aufgrund ihres Auftretens in Herden offensichtlich sowohl zeugungskräftig als auch fruchtbar waren. So wurden die Göttin und der Tote zu Kuh und Stier, Stute und Hengst, Hindin und Hirsch, Widder und Schaf, sowie Ziegenbock und Ziege.

In Göbekli Tepe wurde zwar nicht die Kuh, aber dafür sehr oft der Stier dargestellt – was die Vorstellung einer Kuhgöttin voraussetzt.

Diese Paare erscheinen in den schriftlich überlieferte Religionen ab 3250 v.Chr. dann z.B. als Osiris-Apis und Hathor (Rinder), Poseidon und Demeter (Pferde), Siegfried und die Hindin (Hirsche), Brigid und das Lamm (Schafe), sowie als Loki und Heidrun (Ziegen). Aus dieser Symbolik heraus hat auch der Teufel seine Ziegenhörner und seinen Pferdefuß erhalten. Diese Symbolik ist am deutlichsten in Ägypten erhalten geblieben, da von dort die ältesten schriftlichen Berichte stammen.

Im Gegensatz zu der Herdentier-Frau ist der Stier-Mann aus der späten Altsteinzeit durch Höhlen-Gravuren gut bekannt. Es gibt allerdings auch einige Gravuren, die einen fließenden Übergang zwischen Frau und Kuh darstellen. Auch die „Frau mit dem Kuhhorn" läßt sich durchaus als Kuhgöttin ansehen.

In den schriftlich überlieferten Mythen des Mittelmeerraumes sind Herdentier/ Mensch-Mischwesen weit verbreitet: Zentaur, Satyr, Minotaurus usw.

Stiertänzer; Dordogne, 20.000 v.Chr.	*Stiertänzer; Dordogne, 13.000 v.Chr.*	*Hirschtänzer; Dordogne, 13.000 v.Chr.*

Vor 15.000 Jahren sind in der Zentral-Ukraine fünf Hütten vollständig aus über 1500 Mammut-Knochen errichtet worden. Es wurden u.a. 97 Schädel und 92 Stoßzähne gefunden. In diesen Hütten war jeweils Raum für 30-60 Menschen.

Möglicherweise sind diese Hütten aus demMangel an Holz in der Tundra aus den Knochen aus einem nahegelegenen natürlichen Mammut-Friedhof erbaut worden, aber es ist auch denkbar, daß dies aus symbolischen Gründen geschehen ist und diese Hütten auch als Schwitzhütten in Gebrauch gewesen sind. Dann würden die Teilnehmer „in einem Mammut" gesessen haben – und das Mammut als Herdentier wird damals dieselbe Zeugungskraft/Fruchtbarkeits-Symbolik gehabt haben wie die Rinder, Hirsche, Antilopen, Gazellen, Pferde, Schafe und Ziegen.

In einer dieser Hütten lag ein mit rotem Ocker bemalter Mammut-Schädel, der offensichtlich als Trommel benutzt worden ist. Ein ritueller Bezug der damaligen Jäger zu den Mammuts, die ihre Hauptjagdbeute gewesen sind, ist daher sehr wahrscheinlich.

eine von fünf Hütten aus Mammut-Knochen; Meschyritsch, Zentral-Ukraine, 13.000 v.Chr.

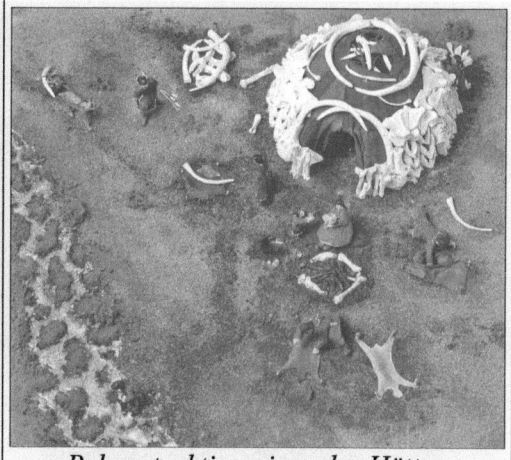

Rekonstruktion einer der Hütten

Bereits vor 300.000 Jahren sind von einer Gruppe der damaligen Menschen in Bilzingsleben in Thüringen ein Rinderschädel sowie einige Schädel-Bruchstücke von Menschen auf einen Stein-Altar gelegt worden. Dieser Altar stand auf einer mit Steinen gepflasterten Fläche zwischen mehreren Wohnhütten. Der Altar war nicht der Platz zum Schlachten des erlegten Wildes, da sich dieser an einer anderen Stelle des Lagers befunden hat.

Die Symbolik der Herdentiere reicht offenbar sehr weit in die Altsteinzeit zurück.

III 4.   Die Göttin mit dem Füllhorn

*Frau mit Horn = Füllhorn-Göttin;
Laussel, 25.000 v.Chr.*

Die Frau mit dem Rinderhorn, die um ca. 25.000 v.Chr. in der Höhle von Laussel eingraviert worden ist, läßt darauf schließen, daß es schon damals die Assoziation zwischen „Frau" und „Kuh" gegeben haben muß und daß diese Assoziation wichtig gewesen sein muß. Möglicherweise ist das Horn, das ja hohl ist, mit der Vagina und der Gebärmutter assoziiert worden.

In den späteren Mythen erscheint dieses „Horn der Göttin" als das „Füllhorn" und in einer entstellten Version davon als die „Büchse der Pandora".

Rinderhörner werden schon früh wichtige Gebrauchsgegenstände gewesen sein, da sie lange Zeit neben der Schädelschale und dem Lederbeutel, die beide eine Bearbeitung voraussetzten, die einzigen Gefäße gewesen sind.

III 5.   Die Geiergöttin

Das Motiv des Seelenvogels hat in der Kombination mit dem Motiv der Wiedergeburt dazu geführt, daß auch die Wiedergeburtsgöttin die Gestalt eines Vogels erhielt – schließlich müssen Mutter und Kind dieselbe Gestalt haben. Dieselbe Logik hat auch bei der Wiederzeugung die Gleichheit der Tiergestalt der Göttin und des Toten bewirkt.

Die Geiergöttin wird das erste mal um 10.000 v.Chr. in Göbekli Tepe dargestellt, dann um 7000 v.Chr. mehrfach in den Tempeln von Çatal Höyük, und später dann in Ägypten als die Geiergöttin Nut.

Der Geier war zum einen der größte Vogel und daher das passende Tier für die „Große Göttin", und zum anderen war der Geier als Aasfresser wie die Göttin mit dem Tod assoziiert.

Andere Vogelgöttinnen sind die ägyptische Göttin Nut (Geier oder Falke), die sumerische Lilith (Vogel), die griechische Nike (vermutlich Adler), die germanischen Walküren (Schwan), die keltische Göttin Cerridwen (Raben, Krähen) usw.

Geier; Göbekli Tepe

Flügel-Mensch (Geiergöttin?); Çatal Höyük

kopfloser Mensch und zwei Geier-Menschen (links die schwangere Geier-göttin?); Çatal Höyük

kopfloser Mensch (Toter) und schwangere Geier-frau im Tempel (Göttin?); Çatal Höyük

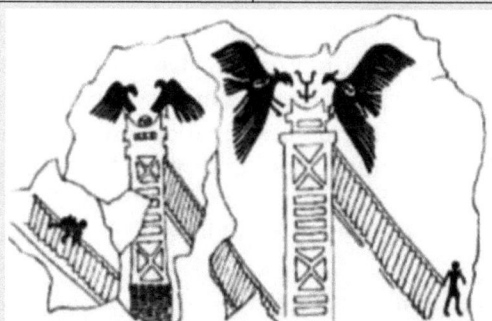

Bestattungs-Szene: je zwei Geier neben einem Kopf (links) und einem kopflosen Menschen (rechts) auf einem hölzernen Turm; Çatal Höyük

Geier und kopflose Menschen im Tempel; Çatal Höyük

Geier und kopflose Menschen im Tempel; Çatal Höyük

III 6. Die Sonnenmutter

Der tägliche Sonnenlauf wird schon in der späten Altsteinzeit dem Leben des Menschen verglichen worden sein. Zudem hat man damals die Himmelsrichtungen nur anhand des Sonnenstandes erkennen können.

Diese Symbolik findet sich als räumliche Grundlage in den Tempeln von Göbekli Tepe: Osten/Morgen/Geburt – Süden/Mittag/Leben – Westen/Abend/Sterben – Norden/Nacht/Jenseits. Da sich diese Symbolik ist auch in China als Süden/Yang/Diesseits und Norden/Yin/Jenseits wiederfindet, muß der Ursprung dieser Symbolik in der späten Altsteinzeit bei den gemeinsamen Vorfahren der Bewohner von Göbekli Tepe und der Chinesen liegen.

Auf einem Relief von Göbekli Tepe erscheint ein Geier zusammen mit einer Sonnenscheibe. Da die Sonne in den frühen schriftlich überlieferten Mythen am Abend stirbt und dann am Morgen von der Göttin wiedergeboren wird, kann man diese Szene aus Göbekli Tepe als Wiedergeburt der Sonne durch die Geiergöttin deuten.

Bei den Ägyptern sind die Geiergöttinnen Mut und Nechbet auch Sonnenmütter gewesen.

III 7. Der Urriese

Der Urriese erscheint in vielen eurasiatischen Mythologien: als der germanische Ymir, der persische Yima, der indische Yama, der jüdische Adam, der ägyptische Atum, der römische Homo, der hethitische Upelluri, der chinesische Pan Gu und der indische Purusha. Die Namen Ymir, Yama, Yima, Homo, Adam und Atum haben alle dieselbe Wortwurzel, die „Erd-Mann" bedeutet.

Man kann daher davon ausgehen, daß auch die Bewohner von Göbekli Tepe diese Symbolik gekannt haben werden.

Da diese Urriesen-Mythe auf Eurasien beschränkt ist und in Amerika nicht vorkommt, sollte sie ungefähr um 14.000 v.Chr. in Eurasien entstanden sein, da die Einwanderung von Nordost-Sibirien nach Amerika um 14.000 v.Chr. stattgefunden hat. Das würde bedeuten, daß dieses Motiv erst 4000 Jahre vor Göbekli Tepe entstanden ist.

Das ältere Motiv scheint die Göttin als die gesamte Erde zu sein, wie die sumerische Tiamat-Mythe und einige indianische Mythen zeigen. Dies wird durch die Auffassung der Schwitzhütte, der Tempel von Göbekli Tepe und der Hügelgräber als der Schwangerschaftsbauch der Erde bestätigt.

Das Motiv der Zerstückelung des Urriesen bei der Erschaffung der Welt, das gelegentlich, aber nicht überall auftritt, ist vermutlich eine sekundäre Assoziation zu dem Schlachten des erlegten Wildes, dem Zerstückeln des Toten und auch zu der Kannibalismus-Tradition, die u.a. auch von den Indogermanen und den frühen Ägyptern gut bekannt ist.

Dieser Urriese ist naheliegenderweise auch der Urahn aller Menschen gewesen – wie Adam in der Bibel, Atum in Ägypten, Yima in Persien, Yama-Purusha in Indien, Ymir bei den Germanen usw.

Die Auffassung des Urriesen als Erde zeigt sich deutlich in den beiden lateinischen Worten „homo" („Mensch") und „humus" („Erde"), die denselben Ursprung haben. Auch der aus Lehm erschaffene Adam und der die Urinsel verkörpernde ägyptische Gott Atum sind solche „Erdlinge".[5]

Mann (Urriese?) auf Tempel (zwei Kuppeln ineinander, Mittelpfeiler) mit Himmel (oben), Schlange (links) und Skorpion (rechts); Tel Abr, 9000 v.Chr.

---

5 Für weitere Details siehe mein Buch „Der Urriese".

III 8. Der Zwilling

Der Name „Ymir/Yama/Yima/Adam/Atum" des Urriesen hat noch eine zweite Bedeutung: „Zwilling". Da sich die Bedeutung „Erdling" sicher aus „Erd-Mann" rekonstruieren läßt, muß dies die ursprüngliche Bedeutung und Mythologie des Urriesen gewesen sein. Offenbar hat sich jedoch um den Urriesen herum eine zweite Symbolik gebildet, die als „Zwilling" zusammengefaßt werden kann.

Diese Zwillings-Symbolik ist im Zusammenhang mit Schöpfungsmythen und mit Jenseitsreise-Mythen weit verbreitet und findet sich u.a. auch in Amerika als die Maya-Zwillinge Hunahpu und Ixbalanque. In vielen indianischen Mythen gibt es nicht einen einzelnen Schöpfer, sondern ein Schöpferpaar – in der Regel männliche Zwillinge.

Das bedeutet zwei Dinge: Zum einen muß die Zwillings-Symbolik älter als 14.000 v.Chr. sein und an die Urriesen-Symbolik angehängt worden sein, und zum anderen muß diese Zwillings-Symbolik mit der Jenseitsreise zu tun haben.

Als Grundlage für eine solche Symbolik kommen nur der physische Leib und der Astralkörper in Frage. Der Astralkörper wird noch heute manchmal „Doppelgänger" genannt, was einem „Zwilling" sehr nahekommt. Da der Astralkörper oft in derselben Gestalt wie der physische Körper gesehen wird, ist seine Bezeichnung als „Zwilling" ausgesprochen naheliegend.

III 9. Die beiden Zentralpfeiler

Aus der vorigen Betrachtung läßt sich schließen, daß die beiden zentralen Pfeiler in den Tempeln von Göbekli Tepe eben dieser Urmensch/Urriese und sein Astralkörper („Seele") sind. Offensichtlich ist der Urriese damals das Kind der Göttin gewesen, da sich der Urriese in dem inneren Kreis des Tempels befindet, der das Kind im Bauch der Göttin darstellt.

Daraus ergibt sich eine schlichte Weltordnung: Die Göttin als der Tempel selber – der Urriese als das Kind der Göttin in der Mitte der inneren Tempelkuppel – die Menschen als die Nachkommen des Urriesen auf der Bank, die innen rings um die innere Tempelmauer verläuft.

6m hoher Mittelpfeiler: Schamane und Seelenvögel; Göbekli Tepe, 10.000 v.Chr.

III 10. Der Vogelmann

Aus der weltweit verbreiteten Vogelsymbolik der Seele, die sich aus dem Erlebnis des Schwebens des Astralkörpers ergeben hat, folgte logischerweise die Darstellung der Toten als Vögel oder als Vogel-Menschen.

Diese Mensch/Vogel-Kombination ist auf verschiedene Weisen dargestellt worden: Vögel mit Menschenkopf, Menschen mit Vogelkopf, Menschen mit Flügeln (Engel), Menschen mit Vogelkrallen, Vögel mit Menschenbeinen (nach vorne abknickende Knie), Menschen mit Federkleid, Menschen mit Federkrone, die Menschensprache sprechende Vögel, die Vogelsprache sprechende Menschen, fliegende Menschen usw.

Da es ja nicht nur einen Ahn, sondern viele Ahnen gab, erscheinen diese Seelenvögel in der Regel als Gruppe – als die Ahnen im Jenseits. Sie werden daher oft als Reihen von Vögeln dargestellt.

Da es weiterhin die Vorstellung einer Wasserunterwelt gegeben hat, sind die Ahnen in der Regel Reihen von Wasservögeln: Kraniche, Reiher, Ibisse, Flamingos, Schwäne, Gänse usw.

Schließlich gab es noch die Symbolik des Blutes und somit der Farbe „Rot", mit der die abstrakten Begriffe „Leben", „Lebendigkeit" und „Lebenskraft" dargestellt werden konnten. Daraus folgte, daß rote Wasservögel – also Flamingos – das passendste Motiv gewesen sind, um die „lebendigen Ahnen im Jenseits" darzustellen. Diese Symbolik ist vor allem aus dem vordynastischen Ägypten aus der Zeit von ca. 4500-3250 v.Chr. gut bekannt.

Kranich
(Knie knicken nach vorne ab)

Mensch
(Knie knicken nach hinten ab)

Bild Kranich-Tänzer (Knie knicken nach hinten ab); Göbekli Tepe, 10.000 v.Chr.

III 11. Der Herdentier-Mann

In der späten Altsteinzeit gibt es in den Höhlenmalereien mehrere Darstellungen von tanzenden „Herdentier-Männern". In einem Fall ist es ein Hirsch-Mann, in den anderen Fällen sind es Stier-Männer.

Im Rheinland ist ein Hirschgeweih mit Schädelplatte gefunden worden, in der sich Löcher befanden, die vermutlich dazu gedient haben, sich dieses Geweih auf den Kopf zu binden. Der bekannteste Hirsch-Mann ist vermutlich der keltische Cernunnos, aber es gibt eine große Vielfalt solcher Hirsch-Männer.[6]

Die Stier-Männer sind vor allem als Zeus und als Osiris-Apis bekannt. Zwei weitere gut bekannte Herdentier-Männer sind der griechische Ziegenbock-Mann Pan, die griechischen Zentaur-Pferdemänner und der ägyptische Widder-Gott Chnum.

Der Herdentier-Mann ist ein Toter im Jenseits, der diese Gestalt bei seiner Wiederzeugung angenommen hat.

III 12. Die Schlangen

Die Schlangen leben auf der Erde und verstecken sich in Höhlen und Felsspalten – sie sind daher „Tiere der Erde". Dies hat dazu geführt, daß man die Ahnen – die ja in der Erde begraben lagen – auch als Schlangen dargestellt hat. Diese Symbolik findet sich in Göbekli Tepe mehrfach.

Aus der Ahnen-Schlangensymbolik hat sich die Jenseitsweg-Schlangensymbolik entwickelt: Der Weg ins Jenseits war der „Schlangenweg".

Dadurch, daß auch die Sonne Abends starb und des Nachts durch das Jenseits reiste, wurde auch der Weg vom Untergangspunkt der Sonne im Westen bis zu dem Aufgangspunkt der Sonne im Osten als Schlangenweg und schließlich als Schlange aufgefaßt. So entstand das Motiv der Riesenschlange.

Alles, was die Ahnen aus dem Jenseits an Rat und Hilfe ihren lebenden Nachkommen im Diesseits schickten, erhielt ebenfalls das Bild einer Schlange. So entstand das Bild der Kundalini-Schlange, die die Lebenskraft ist, die die Ahnen aus der Erde ihren Nachkommen schicken, damit sie stark, lebendig und gesund bleiben.

Diese Kundalini-Symbolik findet sich sowohl auf dem steinernen Totempfahl aus Göbekli Tepe als auch auf einem steinernen Kopf aus Nevali Cori. In späterer Zeit ist sie als Uräus aus Ägypten, als Marduk-Schlange bei den Sumerern, als Kundalini der Yogis aus Indien, als die Schlange eines Meditierenden von den Germanen, als die Schamanenschlange der mittelamerikanischen Indianer usw. bekannt.

---

6 Für weitere Details siehe mein Buch „Cernunnos".

Tempeleingangs-Platte mit Schlange, Fuchs, Stier und Panther (von oben nach unten); Göbekli Tepe, 10.000 v.Chr.

fünf Schlangen auf einem T-Pfeiler; Göbekli Tepe, 10.000 v.Chr.

zwei Schlangen am Totempfahl (hier ist nur eine zu sehen); Göbekli Tepe, 10.000 v.Chr.

III 13. Der Panthermann

Der Großraubtier-Mann ist ein altes Motiv, daß sich das erste Mal als „Löwenmann" in der späten Altsteinzeit findet. In Göbekli Tepe erscheint er als der steinerne Totempfahl, der einen Mann mit Pantherohren darstellt.

Der Großraubtier-Mann ist zuerst der starke, erfolgreiche Jäger gewesen, dann der starke Schamane, danach der starke Krieger und schließlich der starke König. Das Großraubtier war generell das Symbol der Stärke.[7]

---

7   Für weitere Details siehe mein Buch „Kampfmagie für Anfänger".

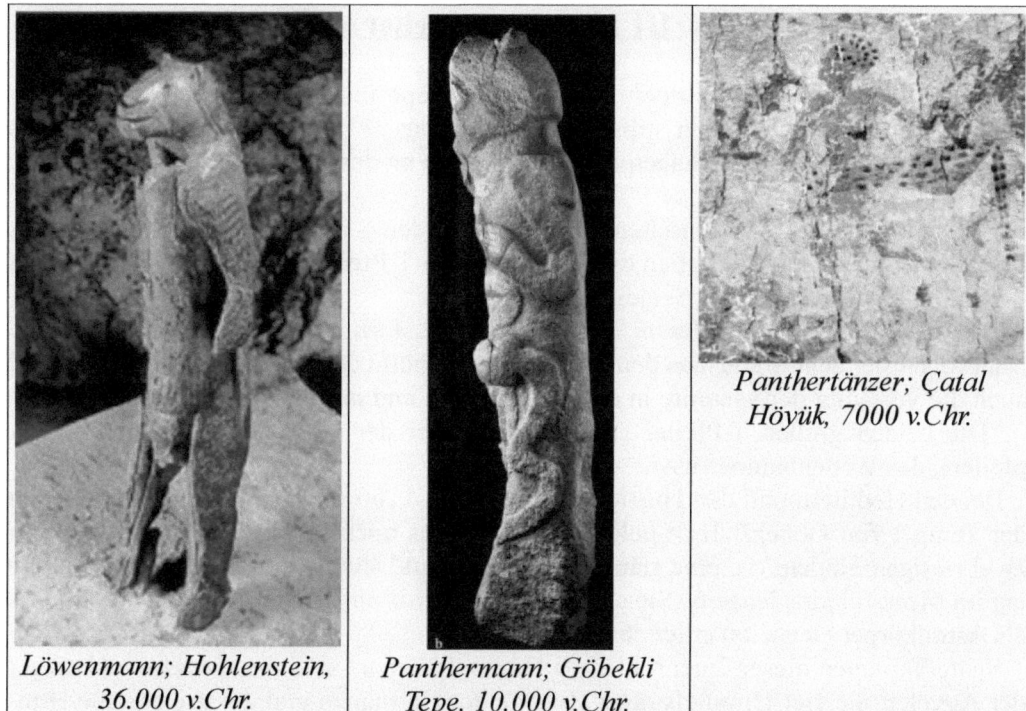

Panthertänzer; Çatal Höyük, 7000 v.Chr.

Löwenmann; Hohlenstein, 36.000 v.Chr.

Panthermann; Göbekli Tepe, 10.000 v.Chr.

III 14. Die Ahnen

Die Ahnen bzw. die Seelen (Seelenvögel) der Ahnen waren der generelle magisch-spirituelle Hintergrund der damaligen Menschen. Dies wurde von Religionswissenschaftlern oft als „Ahnenkult" bezeichnet. Inzwischen ist diese Sicht auf die Ahnen als „systemische Familienaufstellungen" mithilfe von modernen Begriffen wieder in das heutige Weltbild integriert worden.

Bis in die neuere Zeit hinein sind die Eltern diejenigen gewesen, von denen man Rat und Hilfe erhalten konnten und die dem Kind zeigten „wie Leben geht" – und n der Steinzeit gab es weder Schulen noch Sozialversicherungen oder Krankenhäuser … Angesichts dieser Situation lag es nahe zu versuchen, zu den verstorbenen Eltern auch weiterhin Kontakt aufzunehmen.

Das ist der eigentliche Grund für die Aufbewahrung der Totenschädel der Ahnen in den Wohnhütten während der Jungsteinzeit. Dieser „Ahnenkult" ist auch aus dem alten Ägypten noch gut bekannt.

III 15.   Die T-Pfeiler

Die T-Pfeiler aus den Tempeln von Göbekli Tepe und den anderen umliegenden Tempeln sind deutlich als ein stilisierter Körper (das „I" des „T") und ein Kopf (das „-" des „T") erkennbar. Sie haben manchmal Arme an der Seite und sie tragen Gürtel, Lendenschurze, Ketten usw.

Sie sind eindeutig als Menschen angesehen worden – mit sehr großer Wahrscheinlichkeit als die Ahnen. Lediglich die beiden großen T-Pfeiler in der Mitte des Tempels waren der Urriese und seine Seele.

Die acht kleinen T-Pfeiler in der inneren, kreisförmigen Tempelmauer sind die Nachfolger der acht Stäbe, aus denen eine Schwitzhütte erreichtet worden ist. Sie sind auch die Vorläufer der Menhire in den Steinkreisen und der Säulen in den Tempeln.

Die beiden großen T-Pfeiler sind der Vorläufer der Weltensäule, des Himmelspfeilers, des Weltenbaumes usw.

Bei den Hethitern und den Hurriter, die um 2500-1200 v.Chr. in etwa in dem Gebiet der Tempel von Göbekli Tepe gelebt haben, gab es noch immer die Vorstellung von zwei riesigen Säulen: die eine stand im Diesseits und stürzte den Himmel, die andere lag im Meer, d.h. im Jenseits. Sie sind noch immer als physischer Leib (Diesseits) und als Astralkörper (Jenseits) erkennbar.

Späte Varianten dieser 2menschlichen Himmelssäulen" sind die vier Himmelsträger der Ägypter, die vier Himmelsträger-Zwerge der Germanen und der griechische Himmelsträger Atlas.

Vermutlich ist der „Mann auf dem Tempel" auf dem Stein aus Tel Abr, der aus der Zeit von Göbekli Tepe stammt, dieser Urriese/Urmensch.

*T-Pfeiler in einem Tempel: Kreis und zwei höhere Mittelpfeiler;
Göbekli Tepe, 10.000 v.Chr.*

III 16. Die vier Tiere

In den heutigen Schwitzhütten-Ritualen werden vier Tiere aus den vier Himmels-richtungen angerufen: die Schlange aus dem Westen, der Bär aus dem Norden, der Adler aus dem Osten und die Büffelfrau aus dem Süden.

Dies sind die vier wichtigsten und ältesten Symbol-Tiere, die sich auch schon in den Höhlenmalereien der späten Altsteinzeit finden:

- Herdentiere = Zeugungskraft/Fruchtbarkeit, Ahnen
- Großraubtier = Stärke (Jäger, Schamane; später auch Krieger und König)
- Vogel = Seele (Astralreise)
- Schlange = Ahnen in der Unterwelt, die Gaben der Ahnen (Kundalini)

Es ist natürlich ungewiß, ob die Menschen in Göbekli Tepe bereits eine solche Vierergruppe von Tieren gebildet haben oder ob sie sie gar den vier Himmelsrichtun-gen zugeordnet haben, aber die Symbolik der Tiere als solche hat es schon damals gegeben.

Die eben genannte heutige „indianische" Zuordnung der Tiere zu den Himmelsrichtungen wäre auch schon damals als plausibel erschienen:

- Die Schlange als Symbol der Ahnen würde in den Westen (Sterben) und in den Norden (Jenseits) passen.

- Der Vogel als Symbol der Seele und der im Jenseits bzw. am Morgen wiedergeborenen Ahnen würde in den Norden (Jenseits) und in den Osten (Geburt, Wiedergeburt) passen.

- Das Herdentier als Symbol der Zeugungskraft und der Fruchtbarkeit würde sowohl zu dem Osten (Geburt), dem Süden (Leben) als auch zu dem Westen (Wiedergeburt) passen.

- Das Großraubtier als Symbol der von den Ahnen gesandten Stärke würde sowohl zu dem Süden (Jäger) als auch zu dem Norden (Ahnen, Schamanen) passen.

Wenn man nun jeweils ein Tier einer Himmelsrichtung zuordnen müßte, ergäbe sich als einzige Möglichkeit die aus den indianischen Traditionen bekannte Zuordnung: Schlange – Westen, Großraubtier – Norden, Vogel – Osten, Herdentier – Süden.

IV   Der Schamane

Der Schamanismus ist weltweit die unterste Schicht aller Religionen. Der Schamane ist auch in den Ritualen von Göbekli Tepe der Hauptakteur gewesen.

Die Schamanen waren die ersten „magisch-religiösen Spezialisten", weil sie auch die einfachste Form eines solchen Spezialisten sind: Man wird zum Schamanen, wenn man einen Nahtod (Astralreise) erlebt und anschließend geübt hat, solche Astralreisen, die gleichzeitig als Jenseitsreisen aufgefaßt worden sind, auch willentlich durchzuführen.

Da die Schamanen willentlich auf die „Astral-Ebene" gehen konnte, d.h. mit ihrem Bewußtsein und ihrer Wahrehmugnsfähigkeit in ihrem Astralkörper den physischen Körper verlassen konnten, waren sie dafür prädestiniert, mit den Toten Kontakt aufzunehmen. Zudem waren die Schamanen aufgrund ihres Nahtod-Erlebnisses diejenigen, die wußten, daß der Mensch nicht nur aus dem physischen Leib besteht.

Um diese Verbindung zu den Ahnen deutlich zu machen, haben sie sich die Schamanen in Göbekli Tepe – wie u.a. der „Kopf mit der Kundalini" aus Nevali Cori zeigt – alle Kopfhaare abgeschoren: Sie sahen dann wie ein Totenschädel aus. Diese Tradition findet sich später z.B. bei den Priestern in Ägypten, bei den Brahmanen in Indien oder bei den Druiden der Kelten.

Das Fell des Großraubtiers, das die Schamanen trugen, war das Kennzeichen ihrer magisch-spirituellen Stärke.

Die Astralreise wurde entweder durch die „laute" Methode des Ekstasetanzes oder durch die „leise" Methode der Meditation erlangt. Bei der Meditations-Astralreise sitzen die Schamanen entweder ganz konkret auf dem Grab (oder später auf dem Hügelgrab) des Toten, der im Jenseits kontaktiert werden soll, oder auf einem „Schamanen-Sitz", der ein Grab symbolisiert.

Derartige Sitze sind noch aus den Mysterien von Eleusis, von dem Orakel von Delphi, von den germanischen Seherinnen, von den keltischen Druiden usw. bekannt. Diese Sitze sind auch der Ursprung der Throne der Könige.

Mann mit drei Gesichtern und Hörnerkrone auf einem Thron; Harappa, ca. 2300 v.Chr.	Sem-Priester bei der Bestattungs-Jenseitsreise; Ägypten, ca. 2000 v.Chr.	Cernunnos; Kelten, ca. 80 n.Chr.

Auch die Göttin sitzt auf einem solchen „Thron". Diese Göttin ist sogar nach diesem Sitz als „die Sitzende" benannt worden: Ishtar, Astarte, Isis, Ashtoreth usw.

Nach der Erfindung der Streitwagens durch die Indogermanen um ca. 2000 v.Chr. tauschte die Göttin ihren Thron gegen einen Streitwagen ein wie dies z.B. bei Artemis und Freya zu sehen ist. Dabei tauschte sie auch die sonst allgemein üblichen Pferde gegen ihre Löwen, Panther und Katzen als Zugtiere dieses Streitwagens ein.

Die Schamanen waren die Schwitzhütten-Leiter und generell die Ritual-Leiter. Lediglich die Jagdzauber wurden möglicherweise direkt von die Jägern durchgeführt.

Die Schamanen waren auch die Tempel-Priester, die Mythen-Bewahrer und die Heiler. Sie haben vermutlich auch anhand des Sonnenstandes die Jahreszeit berechnet und somit die Zeit für das Zeugungsfest festgelegt.

In der Altsteinzeit, in der die Menschen in Gruppen von maximal zwei Dutzend Personen zusammengelebt haben, wird es nicht in jeder Gruppe einen Schamanen gegeben haben. Das bedeutet, daß die Schamanen „regionale" Schamanenbünde gebildet haben müssen, an die man sich wenden konnte, wenn man Hilfe gebraucht hat. Außerdem werden diese Schamanenbünde auch die neue Schamanen ausgebildet haben. Diese Bünde waren der erste Verein – und er war sogar gemeinnützig, also ein „e.V.".

Diese Schamanenbünde werden auch den Tempelbau in Göbekli Tepe organisiert haben. Dazu gehörte neben der Organisation der Treffen von mehreren Sippen und der Verteilung der Arbeit recht sicher auch das Entwerfen der Bilder auf den T-Pfeilern.

Die Schamanen von Göbekli Tepe trugen an ihrem Gürtel das „H"-Symbol, das „ㅗ"-

Symbol und das „C"-Symbol sowie einen Fuchsfell als Lendenschurz. An einem doppelten Halsband trugen sie zudem neben dem „H"-Symbol und dem „C"-Symbol noch das „o"-Symbol.

Diese Symbole haben wahrscheinlich die folgende Bedeutung:

„H"	= zwei Leiber und ihre Verbindung: physischer Leib und Astralkörper/Seele und die Verbindung dazwischen
„ᴵ"	= zwei Welten und ihre Verbindung: Diesseits (oben) und Jenseits (unten) und die Verbindung dazwischen
„C"	= vermutlich die Göttin sowie der Tempel als ihr Bauch
„o"	= Sonne, evtl. auch der Tempel
Fuchsfell	= listiger Jenseitsführer
zwei Lederstreifen	= zwei Welten

V   Ritual-Methoden

Es gibt einige in Göbekli Tepe verwendete Ritual-Methoden, die sich direkt aus den archäologischen Funden ergeben oder die sich indirekt erschließen lassen.

V 1.   Astralreise/Jenseitsreise

Die Astralreise, also das zeitweilige Verlassen des eigenen Körpers mit dem Bewußtsein und der mit Wahrnehmungsfähigkeit – meistens bei einem Nahtod-Erlebnis – ist den Menschen von Göbekli Tepe bekannt gewesen.

Dies ergibt sich daraus, daß der Schamanismus weltweit die unterste, älteste Schicht der Religion ist und ein Schamane im Wesentlichen jemand ist, der eine Astralreise auch willentlich herbeiführen kann.

Ein zweiter Hinweis sind die Vogelstäbe und die Totempfähle aus Göbekli Tepe und den anderen Tempeln aus der näheren Umgebung von Göbekli Tepe. Diese Darstellungen von „Leib und Seelenvogel" geben nur auf der Grundlage des Astralreise-Erlebnisses einen Sinn. Der Vogelstab ist bereits in den Höhlenmalereien der späten Altsteinzeit dargestellt worden.

Die Schamanen benutzten die Astralreise, um mit den Seelen der Verstorbenen Kontakt aufzunehmen. Das Jenseits, der Bereich der Seelen, die „Astral-Ebene" usw. sind alle derselbe Bereich.

Seelenvogel auf Stab („Vogelstab"); Lascaux, 25.000 v.Chr.

Seelenvogel („Ba") über der Mumie eines Toten auf einer Löwenbahre; Ägypten, Totenbuch

V 2. Tanz

Aus der späten Altsteinzeitzeit gibt es Darstellungen von tanzenden Hirschmännern und Stiermännern (20.000-13.000 v.Chr.).

In Göbekli Tepe sind Tänze von Menschen in Kranichgestalt, aber mit Menschenbeinen dargestellt worden (10.000 v.Chr.).

Aus den Tempeln von Çatal Höyük (7000 v.Chr.) gibt es Gemälde von Gruppen von Tänzern, die mit Pantherfellen bekleidet sind und Tambourine in der Hand halten. Dies werden Gruppen von tanzenden Schamanen sein.

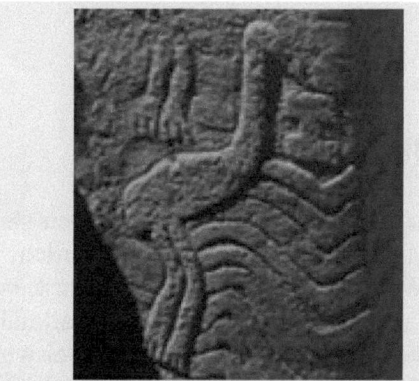

Kranichtänzer, vor ihm das liegende „H"
als Symbol für Diesseits und Jenseits;
Göbekli Tepe, 10.000 v.Chr.

Panther-Tänzer mit Pfeilen, Bögen,
Keulen, Tambourins;
Çatal Höyük, 7000 v.Chr.

V 3. Meditation

Die Meditation wird erst in den frühen schriftlichen Kulturen dargestellt. Dort sitzen die Meditierenden auf einem besonderen Sitz.

Sie tauchen unter anderem im ägyptischen Bestattungsritual als der mit einem Pantherfell bekleidete „Sem" („Helfer") auf. In den Texten zu diesen Bildern wird beschrieben, wie der Sem-Priester (Schamane) in das Jenseits reist und dort mit dem Toten spricht und dann ihn, d.h. seine Seele in seine Statue holt, damit er weiterhin bei seinen Nachkommen ist und sie mit Rat und Hilfe unterstützen kann.

Es ist anzunehmen, daß die Schamanen auch schon in der Jungsteinzeit auf diese Weise in das Jenseits gereist sind, um die Seelen der Toten in die Totenschädel zu holen, die in den Wohnhütten ihrer Nachkommen aufbewahrt worden sind.

Die weite Verbreitung dieses Brauches des „Meditierens auf einem besonderen Sitz" bei den Indogermanen, den Ägyptern, den Bewohner von Harappa am Indus usw. läßt darauf schließen, daß dieser Brauch bis mindestens in die mittlere Jungsteinzeit um ca. 7000 v.Chr. zu den gemeinsamen Vorfahren dieser Völker zurückreichen muß. Da diese Jenseitsreisen nicht erst in dem Augenblick der Trennung dieser Völker entstanden sein können – offensichtlich waren sie ein wichtiges weltanschauliches Element, da sie sich so lange haben halten können – werden diese Jenseitsreisen bis in die frühe Jungsteinzeit zu den Bewohnern von Göbekli Tepe zurückreichen.

Schließlich ist die meditative Jenseitsreise („Traumreise") auch ein Element, was sich zwanglos in die übrigen bekannten magisch-religiösen Elemente der damaligen Zeit einfügt.

V 4. Kundalini

Die Kundalini kann durch den „Kopf mit Schlange" aus Nevali Cori und den steinernen „Totempfahl mit Schlangen" aus Göbekli Tepe direkt nachgewiesen werden.

Es gibt auch noch einen indirekten Nachweis: Wenn man die Astralreise erlernt, bestehen die ersten Schritte daraus, das Bewußtsein von dem physischen Körper allmählich auf den Astralkörper („Seele", „Lebenskraftkörper") zu verschieben. Dabei wird fast immer dieselbe Folge von Empfindungen erlebt: Der Körper entspannt sich, der Körper wird schwer, der Körper wird warm, der Körper beginnt zu vibrieren. Diese Folge findet sich auch in der Hypnose wieder, in der das Bewußtsein ebenfalls auf den Astralkörper verschoben werden und dabei außerdem auch noch abgeschaltet werden soll („Hypnose-Schlaf").

Die drei Zustände „Entspannung", „Schwere" und „Wärme" sind beim Erlernen der Astralreise und bei dem Erwecken der Kundalini gleich – beides beginnt mit der Ausrichtung des Bewußtseins auf den Astralkörper (Lebenskraftkörper). Bei der Astralreise geht die Entwicklung dann über das Vibrieren und ein Gefühl des Schwankens weiter zu dem Loslösen des Astralkörpers. Bei dem Erwecken der Kundalini steigert sich hingegen die Wärme zu einer inneren Hitze.

Da die Übungen zum Erlernen der Astralreise und zum Erwecken der Kundalini zu einem großen Teil gleich sind, läßt es sich kaum vermeiden, daß ein großer Teil derjenigen, die die Astralreise erlernen, auch die Kundalini entdecken. Folglich ist vielen Schamanen auch die Kundalini bekannt.

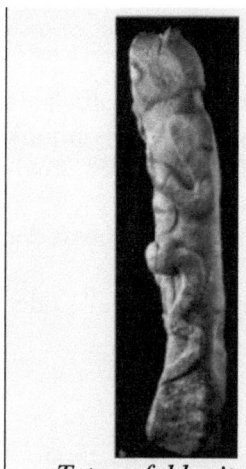

| *Totempfahl mit zwei Schlangen; Göbekli Tepe, 10.000 v.Chr.* | *T-Pfeiler mit Schlangen: Göbekli Tepe, 10.000 v.Chr.* | *Kopf mit aufgestiegener Kundalini; Nevali Cori, 9000 v.Chr.* |

V 5. Masken

Die einzige aus Göbekli Tepe bekannte „Maske" sind die Pantherohren auf dem Kopf des steinernen Totempfahles. Da derartige Masken jedoch sowohl aus den spätaltsteinzeitlichen Malereien und Steinritzungen als auch aus den frühen schriftlichen Kulturen bekannt sind, kann man davon ausgehen, daß solche Masken auch von den Schamanen von Göbekli Tepe verwendet worden sind.

V 6. Ahnen-Anrufung

Die Anrufung der Ahnen und das Gespräch mit ihnen ist zwar nicht durch archäologische Hinweise überliefert, aber da das Gespräch mit den Ahnen die wichtigste Tätigkeit der Schamanen ist, kann man davon ausgehen, daß solche Gespräche auch in Göbekli Tepe stattgefunden haben.

Derartige Unterhaltungen mit den Toten sind weltweit bekannt: im ägyptischen Bestattungsritual, in den Unterweltsreisen in den griechischen Mythen, in den Liedern der Germanen, im indianischen Schwitzhüttenritual, in Totenbeschwörungen usw.

V 7. Opfer an den T-Pfeilern

Möglicherweise hat es bereits Opfergaben an die Ahnen gegeben, die vermutlich als gemeinsames Mahlder Lebenden mit ihnen aufgefaßt worden sind. Diese Symbolik hat sich über die Totenopfer der Ägypter bis hin zum Abendmahl der Christen erhalten.

Dieses gemeinsame Mahl hat vor allem das Aufrechterhalten der Gemeinschaft der Lebenden mit den Toten als Ziel.

Manche T-Pfeiler besitzen kleine Bohrungen, an denen möglicherweise Felle oder Opfergaben aufgehangen worden sind. Genaueres ist jedoch nicht bekannt.

V 8. Musik

Zu Beginn der Jungsteinzeit um 10.000 v.Chr. sind bereits verschiedene Musikinstrumente bekannt gewesen: Trommeln aus Fellen, die auf einen Rahmen zum Gerben aufgespannt worden sind (seit mindestens 600.000 Jahren), Flöten aus Geier-Flügelknochen (seit mindestens 43.000 v.Chr.), und die Sehnen von Bögen (seit mindestens 30.000 v.Chr.). Dies sind die Urahnen der Schlaginstrumente, der Blasinstrumente und der Saiteninstrumente.[8]

Diese Instrumente wurden weiterentwickelt: Der Bogen ist mit einem Klangkörper und mehreren Saiten versehen worden, wodurch die Bogenharfe entstanden ist und die Trommeln haben einen größeren Klangkörper erhalten.

Die Löcher auf den damaligen Flöten lassen vermuten, das es damals eher einfache Tonleitern und vor allem auch viele verschiedene Tonleitern gegeben hat.

Man kann zudem vermuten, das der Gesang zunächst pentatonisch gewesen ist, da dies die einfachste Tonleiter ist, d.h. die Tonleiter, deren Töne am einfachsten zu finden sind und die zusammen mit dem Grundton am harmonischsten klingen.

Viele Elemente der Musik entstehen durch Wiederholungen: der Takt, der Rhythmus, der Refrain und das musikalische Thema. Diese Elemente sind vermutlich erst in der Jungsteinzeit entstanden.

Zudem ist anzunehmen, das spätestens ab der Jungsteinzeit auch mehrere Instrumente in demselben Takt dieselbe Melodie gespielt haben werden und von Trommeln und Gesang begleitet worden sind.

Diese einfachen Formen der Musik werden damals u.a. auch die Rituale und die rituellen Tänze begleitet haben.

---

8   Für weitere Details siehe mein Buch „Mythen und Magie der Harfe".

VI Ritual-Gegenstände

In den Ritualen von Göbekli Tepe sind etliche verschiedene Gegenstände benutzt worden, die zum größten Teil bereits erwähnt worden sind.

VI 1. Die T-Pfeiler

Diese Pfeiler, die Menschen darstellen, sind mit sehr viel Aufwand mit einfachsten Mitteln – weichen Stein mit hartem Stein bearbeiten – hergestellt worden. Sie müssen folglich etwas sehr Wichtiges dargestellt haben. Da sie sich in dem Tempel befinden, werden sie auch ein wichtiger Bestandteil des Rituals in den Tempeln gewesen sein.

In einem Fall findet sich an der Stelle eines T-Pfeilers auch ein steinerner Totempfahl.

Diese „steinernen Menschen" – also die T-Pfeiler und die Totempfähle – stellen daher sehr wahrscheinlich wie die Stäbe in den heutigen indianischen Schwitzhütten die Ahnen dar. Für diese Auffassung spricht auch, daß sie sich in dem Tempel, d.h. in dem Schwangerschafts-Bauch der Muttergöttin befinden – in dem man eben die wiedergeborenen Ahnen vermuten sollte.

Die T-Pfeiler in dem Tempel sind somit eine Art Ahnenschrein. Ob diese T-Pfeiler ganz konkrete Ahnen oder nur allgemein alle Ahnen einer Sippe darstellen, läßt sich nicht ganz sicher sagen. Die Tatsache, daß es in der Regel acht T-Pfeiler sind, läßt vermuten, daß diese T-Pfeiler das Kollektiv der Ahnen sind – zumal die „8" damals die Symbolik von „vollständig, vollkommen" gehabt hat.

Die heutigen Statuen, die diesen T-Pfeilern am ähnlichsten sind, finden sich auf den Osterinseln.

VI 2. Die Totempfähle

a) Der Totempfahl von Göbekli Tepe

(10.000 v.Chr.)

Der steinerne Totempfahl aus Göbekli Tepe stellt einen Mann mit Pantherohren dar. Es geht bei diesem Totempfahl also darum, die „Pantherkraft" zu erlangen.

Der „Totempfahl-Mann" legt seine Hände auf den Kopf eines zweiten, kleineren

Mannes unten vor sich. Dieser kleinere Mann legt seine Hände wiederum auf den Kopf eines noch kleineren Mannes unten vor sich. Dieser noch kleinere Mann legt seine Hände wiederum auf einen Totenkopf unten vor sich. Das scheint eine Ahnen-Anrufung über drei Generationen hinweg zu sein.

An der Seite steigen zwei Schlangen empor, die man als die von den Ahnen gesandte Kraft und auch als die Kundalini auffassen kann.

Dieser Totempfahl stand in einem inneren Steinkreis an einer Stelle, an der sonst die T-Pfeiler stehen. Man wird ihn daher als eine Variante dieser T-Pfeiler ansehen kön-nen – vermutlich als deren Vorläufer.

Totempfahl aus Göbekli Tepe

52

b)   Der Totempfahl von Nevali Cori

(9.000 v.Chr.)

Der steinerne Totempfahl aus Nevali Cori, das ca. 40km nordwestlich von Göbekli Tepe liegt, besteht aus zwei Frauen, zwei Vögeln und einem einzelnen Vogel ganz oben.

Die beiden Frauen entsprechen der zweifachen Frau aus der Altsteinzeit und der zweigesichtigen Göttin aus der Jungsteinzeit sowie der späteren ägyptischen Göttin Hathor, die manchmal mit zwei Gesichtern dargestellt worden ist. Die beiden Vögel werden zu den beiden Göttinnen gehören. Der einzelne Vogel oben ist der eine Vogel oben auf dem Vogelstab, der auch heute noch fast alle indianischen Totempfähle krönt.

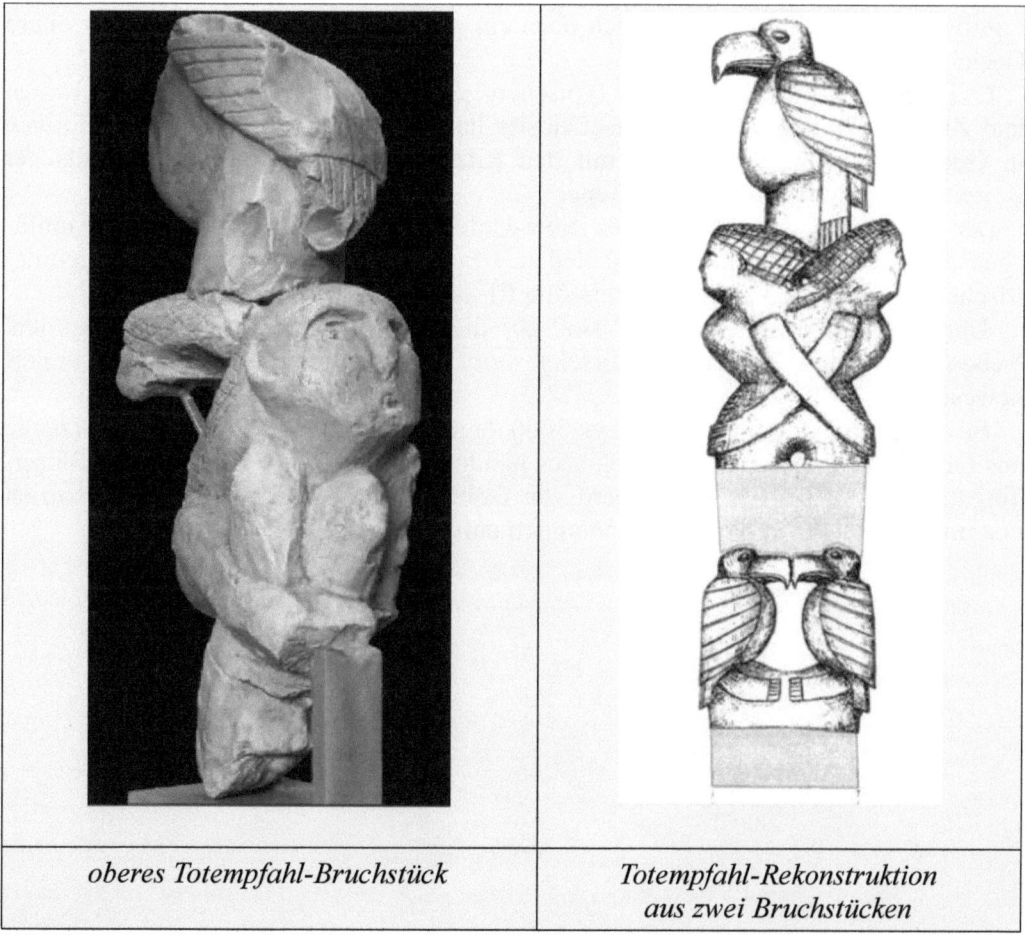

| *oberes Totempfahl-Bruchstück* | *Totempfahl-Rekonstruktion aus zwei Bruchstücken* |

c) Der Totempfahl von Shigir

(10.000 v.Chr.)

Der hölzerne Totempfahl aus dem Moor von Shigir wurde um ca. 10.000 v.Chr. erschaffen, also zu der Zeit, in der auch die Tempel von Göbekli Tepe erbaut worden sind. Er wurde im Süden des Ural-Gebirges in Kirovgrad bei Jekaterinburg gefunden, das ca. 2.700km nordöstlich von Göbekli Tepe liegt.

Die erhaltenen Teile des Totempfahls sind ca. 4m hoch – der ursprüngliche Totempfahl wird ca. 5,3m hoch gewesen sein. Von seiner Größe her entspricht er recht genau den großen T-Pfeilern aus Göbekli Tepe, die ca. 6m hoch sind.

Dieser Totempfahl wurde beim Torfstechen in einem ehemaligen Moor gefunden. Er ist aus einer Lärche hergestellt worden, die mindestens 159 Jahre alt gewesen ist.

Auf dem Totempfahl befindet sich oben ein großer Kopf und darunter drei weitere Gesichter.

Er ist mit den für diese Epoche typischen geometrischen Verzierungen aus Linien und Zickzack-Linien verziert. Diese Muster haben Ähnlichkeit mit einigen Motiven in Göbekli Tepe und vor allem mit den Ritzungen auf den Steinkesseln aus der weiteren Umgebung von Göbekli Tepe.

Der große Kopf ist mithilfe eines Biber-Unterkiefers hergestellt worden, die einfachen Ritzungen hingegen mit verschiedenen Steinwerkzeugen. Einige dieser geometrischen Linien stellen möglicherweise die Rippen unterhalb der Gesichter dar.

Derartige „Biberzahn-Schaber" sind aus dieser Zeit mehrfach gefunden worden. Neben dem Totempfahl lag ein Hirschgeweih, das ebenfalls mit Ritzungen verziert gewesen ist.

In dem Shigir-Moor wurden über 3000 Jagdwaffen, Fischfanggeräte, Werkzeuge aus Geweih und Knochen gefunden – es handelt sich bei den Herstellern des Shigir-Totempfahls wie bei den Bewohnern von Göbekli Tepe um Jäger. Der Ackerbau ist erst um 8500 v.Chr. in Nord-Mesopotamien entwickelt worden.

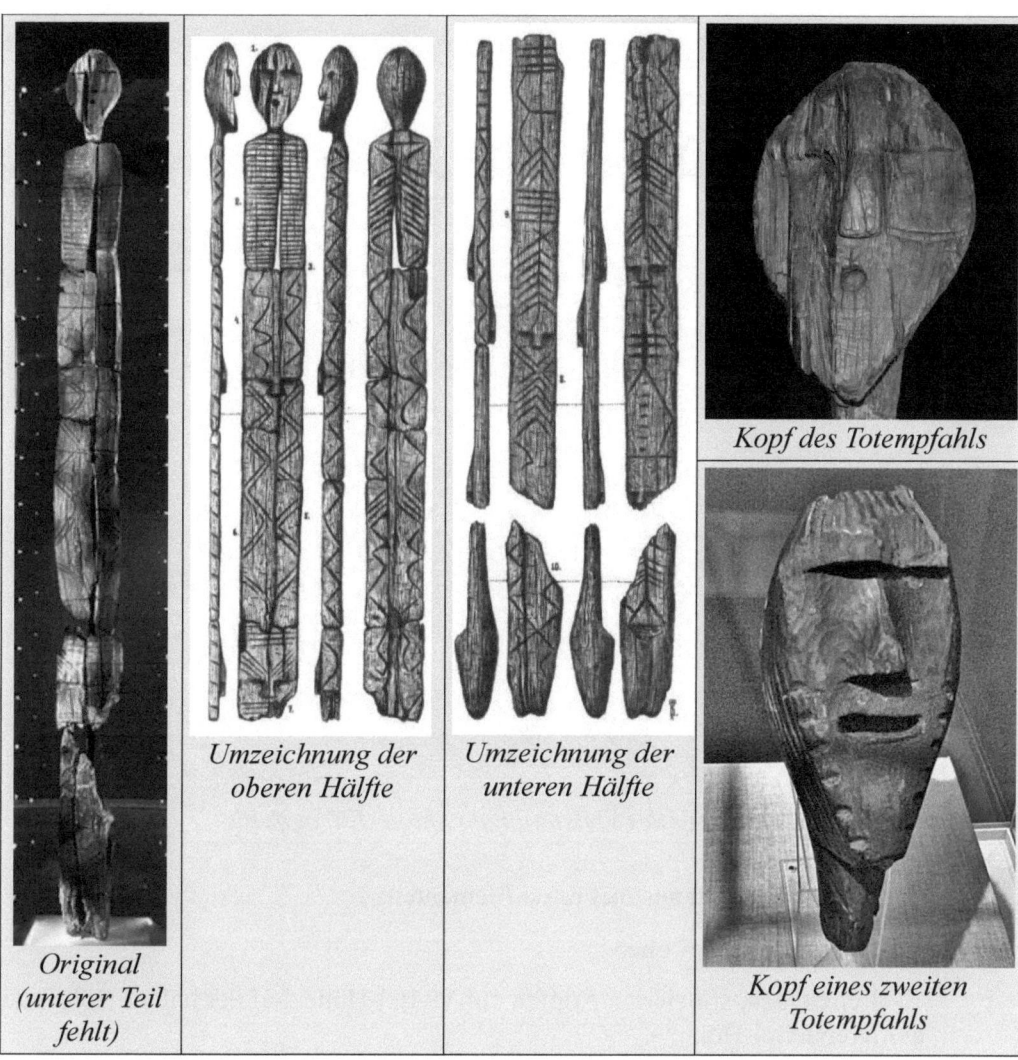

Original
(unterer Teil
fehlt)

Umzeichnung der
oberen Hälfte

Umzeichnung der
unteren Hälfte

Kopf des Totempfahls

Kopf eines zweiten
Totempfahls

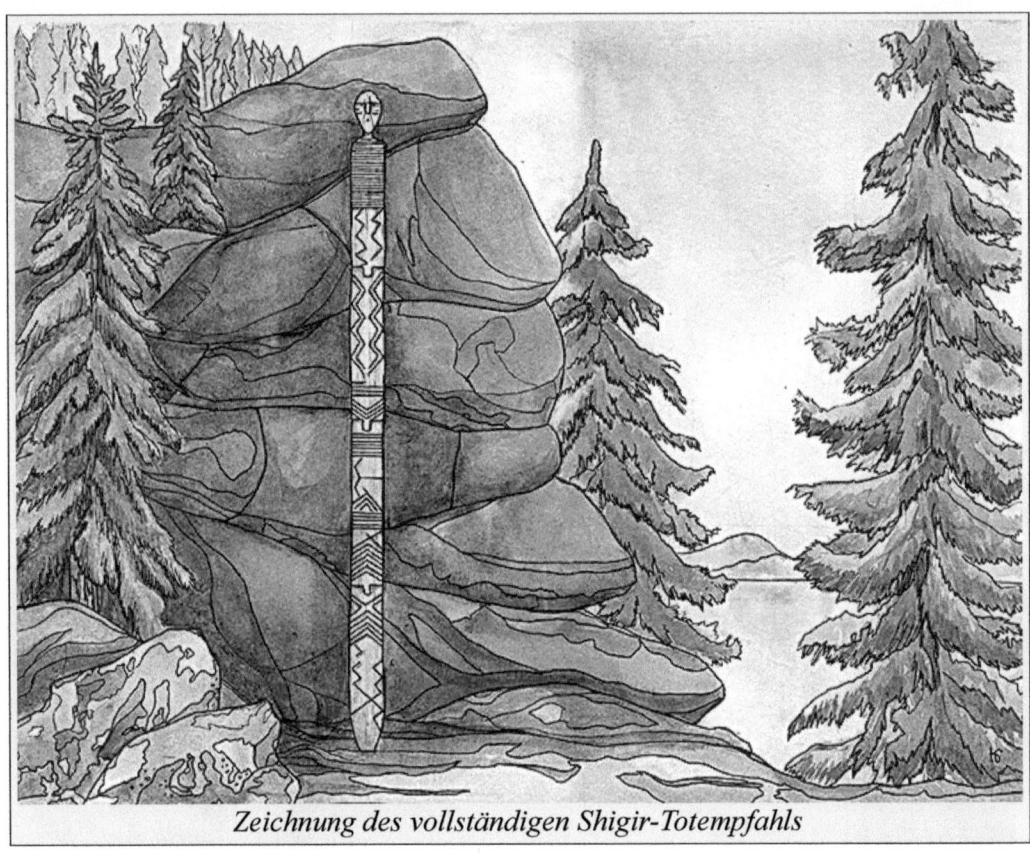

Zeichnung des vollständigen Shigir-Totempfahls

Dieser Totempfahl besteht aus mehreren Elementen:

- dem großen Kopf oben;

- drei kleinen, stilisierten Köpfen auf Viertel-Höhe, auf der halber Höhe und auf Dreiviertel-Höhe;

- auf der Rückseite des unteren Kopfes befindet sich ein weiterer Kopf;

- zwischen den 3+1 Köpfen sind waagerechte Linien, Zickzack-Linien und V-Linien.

Der Kopf oben ist als einziger räumlich gestaltet; die anderen Köpfe sind nur flächig gestaltet. Der obere Kopf wird daher das wichtigste sein. Er entspricht dem Kopf mit den Pantherohren auf dem Steinernen Totempfahl von Göbekli Tepe.

Die drei kleinen, flächigen Köpfe entsprechen den beiden kleinen Menschen und dem Totenkopf auf dem Totempfahl von Göbekli Tepe.

Die Zickzack-Linien entsprechen den beiden Schlangen auf dem Totempfahl von Göbekli Tepe. Insbesondere die Doppel-Zickzack-Linen auf dem Totempfahl von Shigir sehen sehr nach stilisierten Schlangen aus.

Die waagerechten Linien und teilweise auch die V-Linien könnten Rippen sein.

In der folgenden Übersicht findet sich die Folge von Schnitzereien auf der Vorderseite des Totempfahls von Shigir zusammengefaßt. Die Schnitzereien gehören jeweils zu einem der vier Gesichter – diese vier Schnitzerei-Gruppen sind zu besserer Unterscheidung in verschiedenen Grautöne hinterlegt worden.

Aufbau der Schnitzereien				
Gesicht	Querlinien	Zickzack-Linien	∨-Linien	∧-Linien
Kopf				
	Rippen			
		Schlange		
Augen				
		Schlange		
	Haare			
			Augenbrauen	
Kopf				
	Rippen			
		Schlange		
				Bauch?
	Becken?			
				Haare
Kopf				
			Kinn	
				Rippen
		Schlange		

Die beiden Elemente, die bei allen vier Gruppen vorkommen, sind zum einen der Kopf bzw. das Gesicht und zum anderen die Zickzack-Linien, also wahrscheinlich die Schlange. Das bedeutet, daß es bei diesem Totempfahl um Menschen geht, für die die

Schlange gerufen wird – also der Ahnen-Segen" in der Form der Kundalini.

Diese „Schlangen-Anrufung" geht über drei Schritte – die drei unteren Gesichter zu dem Kopf oben. Diese drei Gesichter sind vermutlich die Folge der Ahnen.

Die Symbolik ist hier auf dem Shigir-Totempfahl folglich dieselbe wie auf dem Totempfahl von Göbekli Tepe.

Erstaunlicherweise bestehen sogar die heutigen indianischen Totempfähle noch fast immer aus vier übereinanderstehenden Wesen, d.h. aus vier Menschen und Tieren.

d) Zusammenfassung

Man kann davon ausgehen, daß diese Totempfähle in den Ritualen sowohl in der russischen Steppe am Ural als auch auf dem Bauchberg in Nord-Mesopotamien eine große Rolle gespielt haben – schließlich entsprechen sie den T-Pfeilern, konnten nur mit sehr viel Arbeit hergestellt werden und ihnen ging bereits eine lange Tradition von hölzernen Totempfählen voraus.

Diese Totempfähle werden mindestens drei Symboliken gehabt haben:

- Leib (Stamm) und Seele (Vogel oben auf),

- die Verbindung zu den Ahnen (Mensch und drei Gesichter; Totenkopf),

- das Aufsteigen der Kundalini-Schlange (inneres Feuer, Segen der Ahnen).

Daher kann man davon ausgehen, daß die Totempfähle bei der Bezugnahme auf die Seele, beim Anrufen der Ahnen und beim Heraufrufen der Kundalini eine Rolle gespielt haben.

3. Die Totenschädel

Die Totenschädel dienten offensichtlich dem Kontakt zu dem Toten, von dem dieser Schädel gestammt hat. Das „in der Hand halten" eines Totenschädels war eine sehr archaische und direkte Form des „Ahnenkultes" und der Familienaufstellung.

4. Die großen Gruben

Diese großen Gruben würden sich, wenn sie mit Wasser gefüllt worden sind, für eine symbolische Reise in die Wasserunterwelt, d.h. für eine Taufe eignen. Derartige Rituale sind weltweit verbreitet, da sowohl die Vorstellung einer Wasserunterwelt als auch die Jenseitsreise schon in der späten Altsteinzeit vorhanden gewesen sind.

noch mit Erde gefülltes Steingefäß;
Göbekli Tepe

zwei Steingefäße mit Wasser;
Göbekli Tepe

5. Die Kessel

Die Deutung der steinernen, reich verzierten Kessel hängt davon ab, was man in ihnen vermutet. Ein Kessel ist offensichtlich für eine Flüssigkeit oder evtl. noch für ein Pulver o.ä. gedacht. Doch welche?

- Am einfachsten und naheliegendsten ist natürlich Wasser. Die Symbolik wäre dann vermutlich die Wasserunterwelt. Der Kessel wäre dann bei Jenseitsreisen, deren Kurzform die Taufe ist, verwendet worden.

- Bei Menschen, die von der Jagd gelebt haben, wäre auch <u>Blut</u> – das Blut der erjagten Tiere – denkbar. Die Symbolik des Blutes wäre dann vermutlich die Lebenskraft. Der Kessel wäre dann bei Stärkungsritualen verwendet worden.

- Es dürfte extrem schwierig bis unmöglich gewesen sein, damals einen solchen Kessel mit <u>Honig</u> zu füllen.

- Hingegen wäre es durchaus denkbar, in dem Kessel durch Vergären von Honig in Wasser <u>Met</u> zu brauen. Die Symbolik wäre dann der „besondere Trank". Die Sonnensymbolik auf einigen dieser Kessel würde dann auf eine Assoziation des gelben Honigs mit der gelben Sonne schließen lassen.

- Es wäre auch ein Füllen des Kessels mit dem <u>Mehl</u> aus wildgewachsenem Getreide denkbar. Doch welche Symbolik sollte Mehl bei einem Volk haben, das fast vollständig von der Jagd lebt?

- Es wäre jedoch denkbar, daß in dem Kessel durch Vergären von Mehl in Wasser ein sehr einfaches <u>Bier</u> gebraut worden ist. Die Symbolik dieses Trankes wäre jedoch recht unklar. Zudem ist es unwahrscheinlich, daß man das Bierbrauen schon vor dem Getreideanbau und dem Brotbacken entdeckt hat.

- Schließlich wäre noch <u>Milch</u> als Inhalt des Kessels denkbar, aber in solch großen Mengen stand Milch erst nach der Entwicklung der Viehzucht um ca. 8500 v.Chr. zur Verfügung.

Somit kommen Wasser, Blut, Met und Bier als Inhalt der Kessel in Frage. Das Wasser würde auf eine Jenseitsreise-Symbolik hinweisen, das Blut auf ein Stärkungs-Ritual (für die Ahnen in den T-Pfeilern?), und Met und Bier als ritueller Trank (zur Anregung einer Astralreise?).

Am wahrscheinlichsten sind die beiden ersten Möglichkeiten, da sich Met und Bier nicht besonders gut zur Förderung magisch-spiritueller Erlebnisse eignen und für die damalige Zeit auch nicht direkt nachgewiesen worden sind.

Das Vorhandensein der großen Gruben, die eine vielfältigere Nutzung bei einer Jenseitsreise ermöglichten, wenn sie mit Wasser gefüllt waren, läßt vermuten, daß die Kessel für Blutopfer gedacht gewesen sind, so wie sich dies auch noch in historischer Zeit bei vielen Völkern findet.

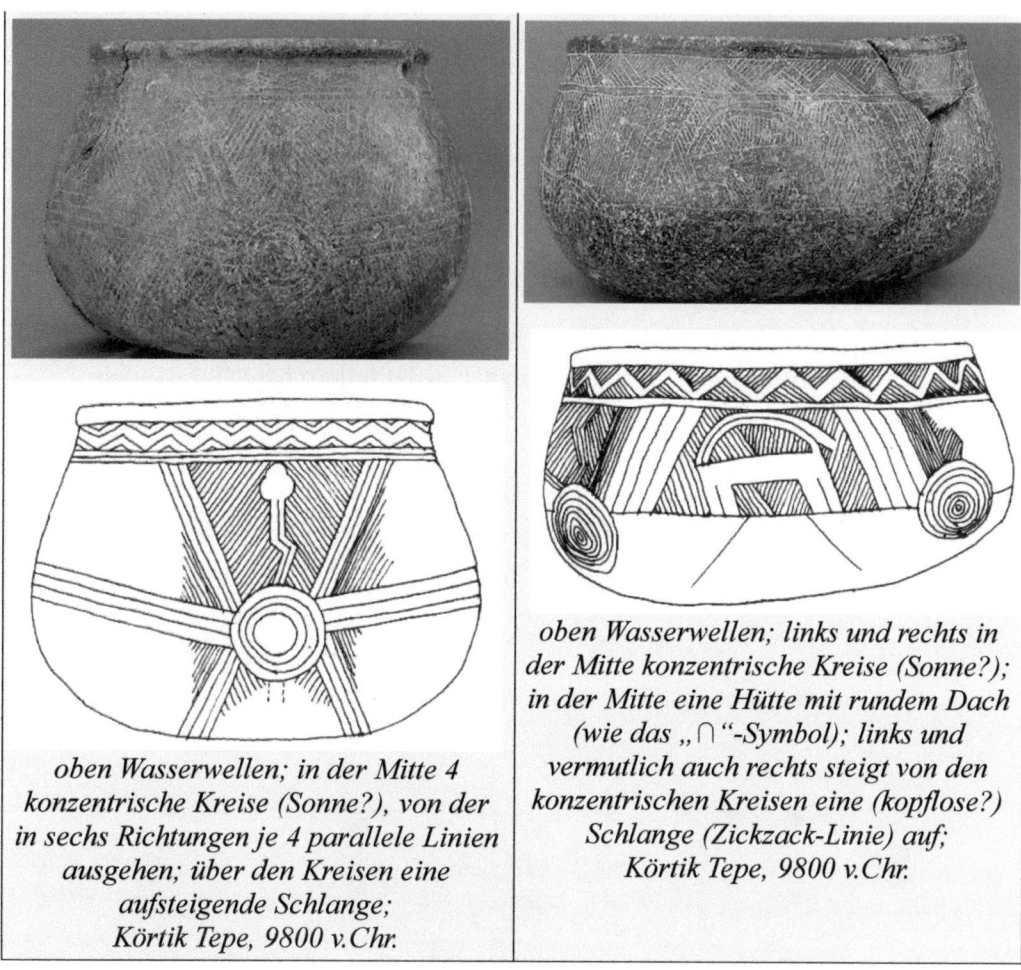

oben Wasserwellen; in der Mitte 4 konzentrische Kreise (Sonne?), von der in sechs Richtungen je 4 parallele Linien ausgehen; über den Kreisen eine aufsteigende Schlange; Körtik Tepe, 9800 v.Chr.

oben Wasserwellen; links und rechts in der Mitte konzentrische Kreise (Sonne?); in der Mitte eine Hütte mit rundem Dach (wie das „∩"-Symbol); links und vermutlich auch rechts steigt von den konzentrischen Kreisen eine (kopflose?) Schlange (Zickzack-Linie) auf; Körtik Tepe, 9800 v.Chr.

6. Die Öllampen und die Knochenlichter

In der mittleren und späten Altsteinzeit sind von dem Neandertaler und dem Homo sapiens Höhlen für Rituale benutzt worden, wobei die Neandertaler lediglich aus Steinen Kreise zum Sitzen angelegt haben, während der Homo sapiens diese Höhlen auch bemalt hat.

Diese Höhlen wurden dabei mit Knochenlampen beleuchtet, bei denen ein Docht, der in das Knochenmark gesteckt wurde, entzündet worden ist. Diese „Kerzen" rußten kaum und brannten lange.

Vermutlich sind auch die Tempel von Göbekli Tepe teilweise noch auf diese Weise beleuchtet worden, auch wenn schon einige einfache Öllämpchen in den Tempeln gefunden worden sind.

7. Die Pantherfelle

Die Pantherfelle waren zum einen die „Berufs-Kleidung" der Schamanen und zum anderen sind sie möglicherweise auch an manchen T-Pfeilern befestigt worden.

VII   Symbole

Es sind eine ganze Reihe von Symbolen aus Göbekli Tepe bekannt, die sicherlich auch in den Ritualen Verwendung fanden: als Abzeichen der Schamanen, als Ritzungen in Stein, evtl. auch als Körperbemalung usw.

VII 1.   Das „ͳ"

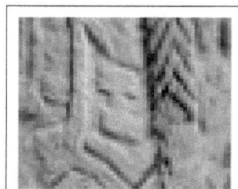

das „ͳ"-Symbol

Das „ͳ" stellt vermutlich zum einen das Diesseits auf der Erde (oberes „-") und zum anderen das Jenseits, also die Unterwelt in der Erde (unteres „-") dar. Die Verbindung zwischen beiden (das „I") wäre dann der Jenseitsweg.

Dieses Symbol entspricht der Geste der Göttin, die ihren linken Arm nach oben (Diesseits) und ihren rechten Arm nach unten (Jenseits) hält.

Im Ritual wird eher die oben/unten-Geste als das „ͳ"-Symbol verwendet worden sein.

VII 2.   Das „H"

das „H"

Das „H" stellt wahrscheinlich die beiden hohen T-Pfeiler in der Mitte der Tempels dar. Sie stehen für „Leib und Seele" (die beiden „I"). Bei der links abgebildeten Version dieses Symbol scheinen sich Leib und Seele jeweils ihre beiden Arme auszustrecken und sich die Hände zu reichen.

Der waagerechte Strich in dem „H" (das „-") ist die Verbindung zwischen Leib und Seele, die heute oft „Silberschnur" genannt wird, da man sie manchmal als milchigweiß („silbern") leuchtende Lebenskraft-Schnur sehen kann.

Auch dieses Symbol wird im Ritual kaum eine Rolle gespielt haben, da dieser Zusammenhang viel konkreter und eindrücklicher durch die beiden Mittelpfeiler selber dargestellt worden ist.

VII 3. Spätere Diesseits/Jenseits-Symbole

Das „H"-Symbol hat sich in den folgenden Jahrtausenden weiterentwickelt:

Das jungsteinzeitliche Symbol der beiden Welten

stehendes „H";
Göbekli Tepe

das <H> könnte der Vorläufer des Pfeiles von Çatal Höyük sein; Göbekli Tepe, 10.000 v.Chr.

„H"-Symbol auf Schamanen-Gürtel, Göbekli Tepe

zwei Geier-Paare mit Symbolen auf dem Rücken („Doppelpfeil" bzw. „Stundenglas") auf zwei Türmen mit einem kopflosen, umgekehrten Menschen (links) und seinem (Toten-)Kopf (rechts); Çatal Höyük, 7000 v.Chr.

Geburt: von innen nach außen *Çatal Höyük, 7000 v.Chr.*	*Tod: von außen nach innen* *Çatal Höyük, 7000 v.Chr.*

Das „▶◀"- Motiv findet sich auch um ca. 2200 v.Chr. am Indus in Harappa und Mohenjo Daro wieder, was zeigt, wie einheitlich die Kultur der damaligen Bauern noch gewesen ist.

der Kreis des Lebens (Diesseits) und der Kreis des Todes (Jenseits) sind durch einen Gang miteinander verbunden (Hantel-Symbol"); Steinkreis von Almendes, 6000 v.Chr.

der Kreis des Lebens (Diesseits) und der Kreis des Todes (Jenseits) sind durch einen Weg miteinander verbunden; Germanen, Kivik in Schweden, 1000 v.Chr.

Brakteat: Mann mit „Hantel" (links oben); Germanen, 500 n.Chr.

Brakteat: Mann mit „Hantel" (links oben); Germanen, 500 n.Chr.

VII 4. Die Symbolik der Zahlen „1", „2", „3", „4" und „8"

Der Symbolik der Zahlen liegen zwei Dinge zugrunde: zum einen die drei grammatischen Formen des Singulars, des Duals und des Plurals sowie das binäre Zahlensystem der späten Altsteinzeit und der frühen Jungsteinzeit.

Das binäre Zahlensystem ist nur für kleine Mengen geeignet – aber dort ist es einfacher als das heutige Zahlensystem. Unser heutiges Dezimalsystem ist eine komplexe Rechenaufgabe: Die Zahl „218" ist eigentlich ein „$2 \cdot 100 + 1 \cdot 10 + 8 \cdot 1$". Das binäre System des späten Altsteinzeit benutzt eine einfachere Rechnung: die Zahl „13" ist eine „8+4+1". In diesem System werden nur die „1" die „2", die „4" und die „8" als Zahlen verwendet. Damit können alle Zahlen bis „15" präzise ausgedrückt werden – und größere präzise Zahlen wurden damals nicht benötigt.

- Die „1" ist der Singular und hat die Bedeutung „Zentrum, Ursprung, Individualität. Sie findet sich z.B. in China als das Tao.

- Die „2" ist der Urgegensatz von Diesseits und Jenseits, der in China als Yang und Yin erscheint. Viele der Symbole von Göbekli Tepe beruhen auf diesem Gegensatz.

Als Dual erscheint die „2" als Wortendung, die an Begriffe wie „Augen", „Beine", „zwei Welten (Diesseits und Jenseits)", „Paar (Mann und Frau)", Zwillinge usw. angehängt wird.

- Die „3" ist die Zahl des Plurals, d.h. sie bedeutet „viele". Sekundär hat dieses „viele" auch die Bedeutung „endloser Zyklus" und schließlich „Sonne (Tag und Nacht)" angenommen.

So ist die Sonne von Spanien bis Japan in ganz Eurasien als Himmelswanderer, d.h. als Gesicht mit drei Beinen („Triskelis") dargestellt worden.

Auch die drei unteren Köpfe bzw. Gesichter auf den Totempfählen könnten daher ganz schlicht die Bedeutung „viele" im Sinne von „viele Ahnen" haben.

- Die „4" ist vor allem mit den vier Himmelsrichtungen und ihrer Symbolik verbunden: Osten/Geburt/Sonnenaufgang – Süden/Leben/Mittag – Westen/Tod/Sonnenuntergang – Norden/Jenseits/Nacht.

- Die „8" ist die „große Zahl", die daher auch die Bedeutung „Vollständigkeit" und später dann die Bedeutung „Vollkommenheit" erlangt hat. Diese Vollkommenheit wurde u.a. auch mit der Sonne, der Seele und dem Herzchakra assoziiert, weshalb die Sonne oft acht Strahlen und das Herzchakra ursprünglich acht Blütenblätter hatte. Auch viele System wie das I Ging, das westafrikanische Ifa-Orakel, die indianischen Medizinräder, die ägyptischen Götterkreise usw. beruhen auf der „8" – sie sind alle etwas Vollständiges und Vollkommenes.

Die „8" wurde in dieser Symbolik vermutlich in der mittleren Jungsteinzeit durch die „12" und das Duodezimalsystem abgelöst. Aus diesem Zahlensystem sind im Deutschen noch die Mengenangaben „Dutzend" (12) und „Gros" (12·12=144) erhalten geblieben.

Diese Zahlen erscheinen auch im Ritual: die „2" als die zweifache Göttin, die beiden Mittelpfeiler und die oben/unten-Geste; die „3" als die drei Generationen zwischen dem Diesseits und dem Jenseits, die auf den Totempfähle zu finden sind; die „4" als die vier Himmelsrichtungen und vermutlich auch als die vier Tiere (Schlange, Panther, Geier, Kuh): und die „8" als die acht T-Pfeiler, die die Ahnen repräsentieren. Die „1" hat vermutlich kaum eine Rolle gespielt.

VII 5.   Das Frauensymbol

Das Frauensymbol findet sich auf der Rückseite eines Mittelpfeilers und als Ketten-Anhänger. Hier ist recht sicher die Göttin gemeint.

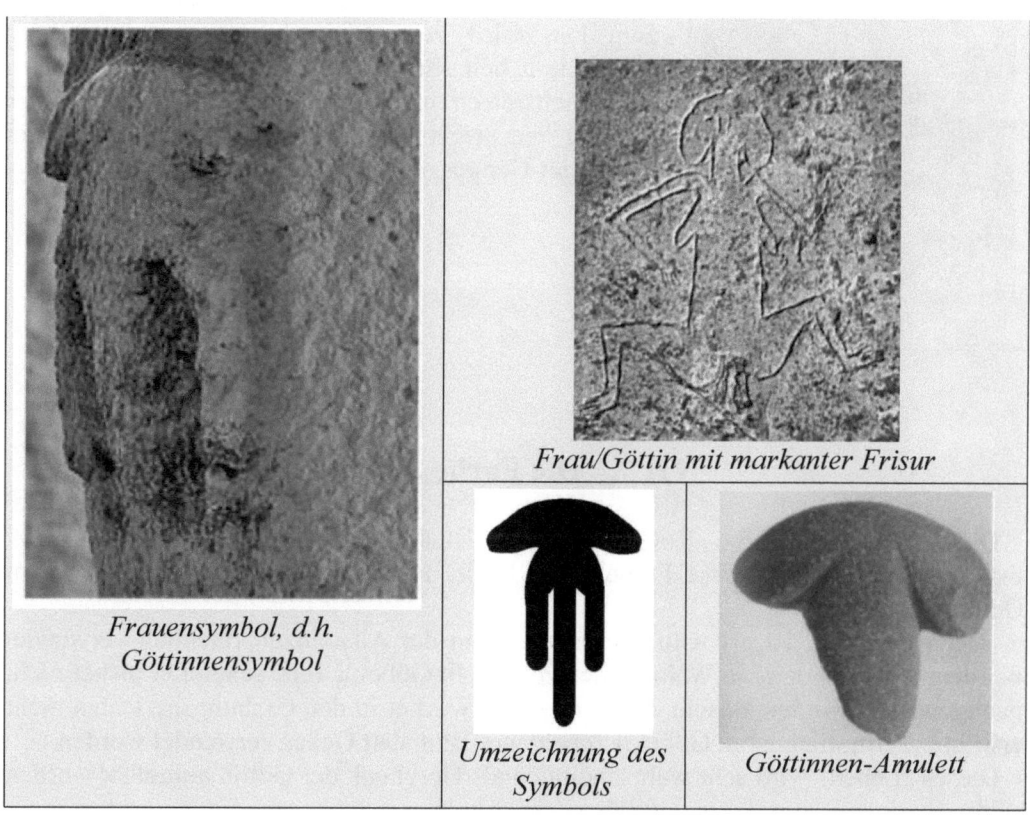

Frau/Göttin mit markanter Frisur

Frauensymbol, d.h. Göttinnensymbol

Umzeichnung des Symbols

Göttinnen-Amulett

Bei diesem Symbol werden der Kopf mit den Haaren, der Leib und die Arme dargestellt. Auch bei den T-Pfeilern ist der Kopf betont – allerdings in eckiger Weise.
Die Deutung des obenen Teiles dieses Symbols als Kopf der Göttin wird plausibler,

wenn man die Frauen-Gravur aus Göbekli Tepe danebenstellt: Die Form der Haare stimmt genau mit dem oberen Teil des Symbols überein.

Da man dieses Symbol auch als Amulett getragen hat, kann es nicht einfach „Frau" bedeutet haben, sondern muß die Bedeutung „Göttin" gehabt haben.

Dieses Symbol erscheint vermutlich ebenfalls nicht im Ritual, da die Große Mutter schon als Gravur und vor allem als der Tempel selber erscheint.

VII 6. Der Steinring

Steinring

Der Steinring, der einen inneren Durchmesser von 45cm hat, wird vermutlich den Schoß der Göttin dargestellt haben. Er wird wahrscheinlich bei Taufen u.ä. Jenseitsreisen in Gebrauch gewesen sein. Dieser Steinring entspricht der „Steinplatte mit Loch" am Anfang des Ganges, der zu einem Tempel führt.

VII 7. Die Farbe „Rot"

Die Symbolik der Farbe „Rot" ist schlicht: „Blut", „Leben", „Atem", „Lebenskraft" usw. Im Ritual wurde diese Farbe entweder in der Form von Blut oder von rotem Ocker verwendet.

Der rote Ocker ist als Ritualfarbe bereits in der Altsteinzeit reichlich verwendet worden, wie die Funde in Wohnhöhlen zeigen. In Göbekli Tepe scheint er bisher nicht nachgewiesen worden zu sein – zumindestens wird er in den Grabungsberichten nicht erwähnt. Vermutlich ist in Göbekli Tepe daher Blut statt Ocker verwendet worden.

Dieses „Leben" wird sehr wahrscheinlich als Geschenk der Göttin aufgefaßt worden sein.

VII 8. Der Totenschädel

Der Totenschädel eines Menschen war die Verbindung zu dem betreffenden Menschen. Diese Schädel wurden teilweise mit Ton überzogen und bemalt. Sie wurden in den Wohnhütten aufbewahrt und in den Ritualen, die sich auf die Ahnen bezogen, verwendet.

Das schon gezeigte Tampel-Wandgemälde von Çatal Höyük zeigt die Trennung des Kopfes vom Leib.

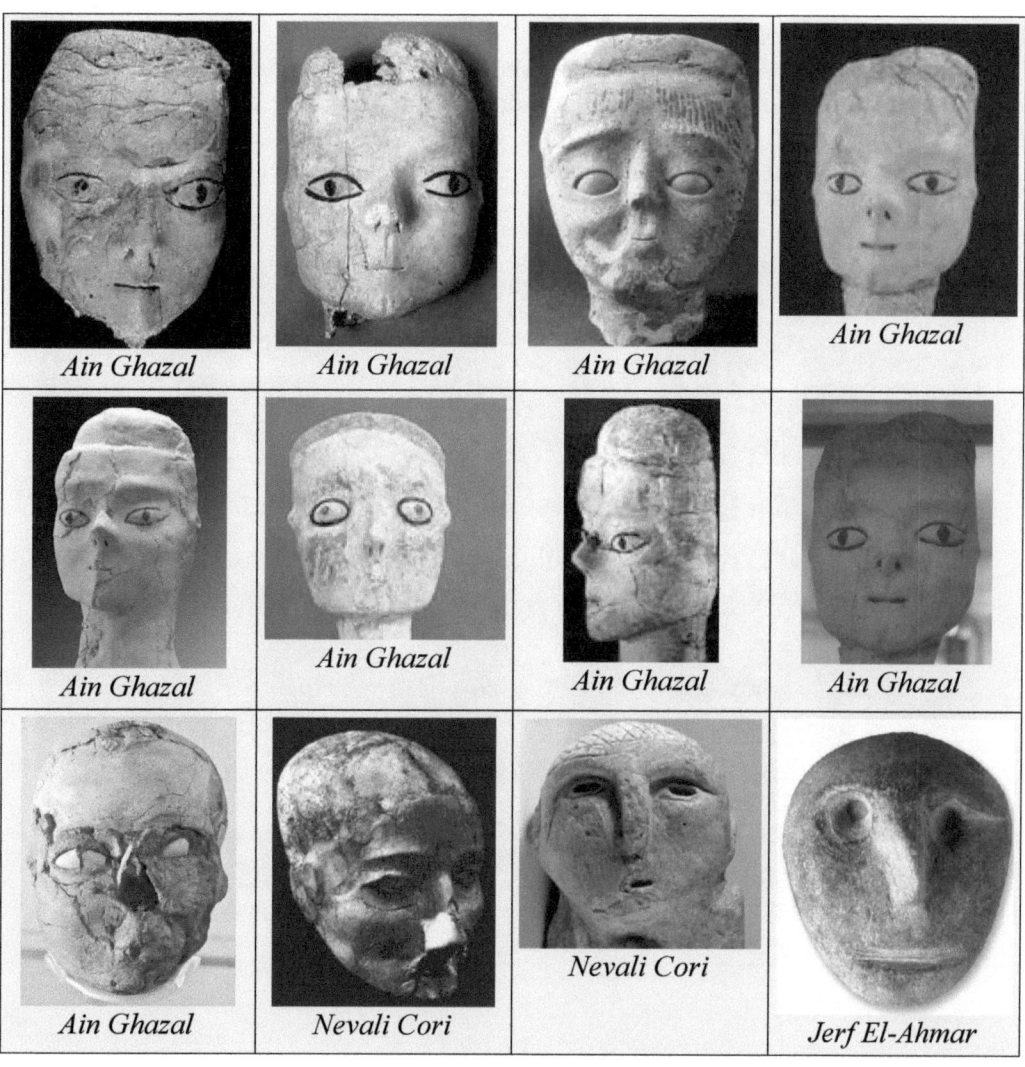

Ain Ghazal   Ain Ghazal   Ain Ghazal   Ain Ghazal

Ain Ghazal   Ain Ghazal   Ain Ghazal   Ain Ghazal

Ain Ghazal   Nevali Cori   Nevali Cori   Jerf El-Ahmar

VII 9.   Die Hörner und die Stierschädel

Die Hörner und die Herdentier-Schädel waren Symbole der Zeugungskraft und der Fruchtbarkeit und somit indirekt auch Symbole der im Jenseits wiedergeborenen Ahnen und der Herdentier-gestaltigen Göttin, die die Wiederzeugungs-Geliebte, die Wiedergeburts-Mutter und die Wiederstillens-Amme der Toten war.

Diese Symbolik hat sich bis in die Zeit der schriftlichen Überlieferung halten können. So hatten z.B. die kretischen Tempel und Paläste sowie die frühen ägyptischen Tempel an ihrer oberen Außenkante Reihen von aus Adobe (Lehmziegeln) gemauerten, stilisierten Rinderhörner.

Die Rinderhörner waren Symbole der Ahnen, die im Ritual bereits als die T-Pfeiler erscheinen. Möglicherweise sind Rinderhörner im Ritual aber auch als Trinkgefäße benutzt worden.

Bereits aus der späten Altsteinzeit gibt es die Darstellung einer Frau, die ein Horn in der Hand hält und auf dieses Horn blickt.

Hörner-Friese an der Dachkante des Palastes von Knossos (Modell);
Kreta, 2000 v.Chr.

70

VII 10.   Das Bukranium

Bukranium an doppeltem Lederband; Göbekli Tepe

Das Bukranium ist ein stilisierter Rinderkopf, der so ähnlich wie das Symbol des astrologischen Sternzeichens „Stier" aussieht: „♉". Dieses Symbol wird die Zeugungskraft und die Fruchtbarkeit der Herdentiere darstellen.

Das Bukranium wird im Ritual kaum eine Rolle gespielt haben, da es vor allem eine Statue als „Toter" oder als „Schamane" kennzeichnen konnte. Der Schamane war im Ritual selber anwesend und die Seelen der Toten befanden sich während des Rituals in den T-Pfeilern.

VII 11.   Das Wasser

Das Wasser ist im Ritual vor allem die Wasserunterwelt. Davon hat sich dann später das Motiv des Jenseitsflusses abgeleitet.

VII 12.   Das Wasserbecken

Das Wasserbecken, also die bereits erwähnten großen Mulden werden Eingänge in die Wasserunterwelt dargestellt haben.

VII 13.   Das Pantherfell

Das Pantherfell war die „Berufskleidung" der Schamanen. Diese Felle hingen möglicherweise auch an manchen T-Pfeilern.

VII 14. Der Fuchs

Die geradezu sprichwörtliche Schlauheit des Fuchses hat dazu geführt, daß er in ganz Eurasien als Führer der Schamanen auf ihrem Weg ins Jenseits angesehen

worden ist – weshalb die Scha-manen in Göbekli Tepe ein Fuchsfell als Lendenschurz trugen.

Diese Schlauheit des Fuchses und seine Verbindung mit dem Jenseitsweg erscheint auch in vielen späteren Mythen in Eurasien.

Drei Fuchsfelle waren sowohl in Sumer als auch in

Ägypten die Grundlage für das Schriftzeichen für „gebä-ren, Geburt, Fruchtbarkeit". Offenbar führte der Fuchs nicht nur die Seelen der To-ten ins Jenseits, sondern auch die Seelen aus dem Jenseits in die Leiber der Neugebore-nen – eine Aufgabe, die in Mitteleuropa bekannterma-ßen der Storch (Seelenvogel) übernommen hat.

unterer Teil eines Schamanen-T-Pfeiler mit Händen, Gürtel und Fuchsfell

Fuchs auf einem T-Pfeiler

VII 15. Der Vogelstab

Der Vogelstab ist die religiöse Grundaussage schlechthin: „Siehe, jeder Mensch hat eine Seele!"

Der Vogelstab ist der Ursprung aller späteren Seherstäbe, Zauberstäbe und Königs-Szepter.

Er wurde in Göbekli Tepe von den Schamanen vermutlich nur in den Ritualen ge-halten, in denen sie gezielt die Ahnen gerufen haben.

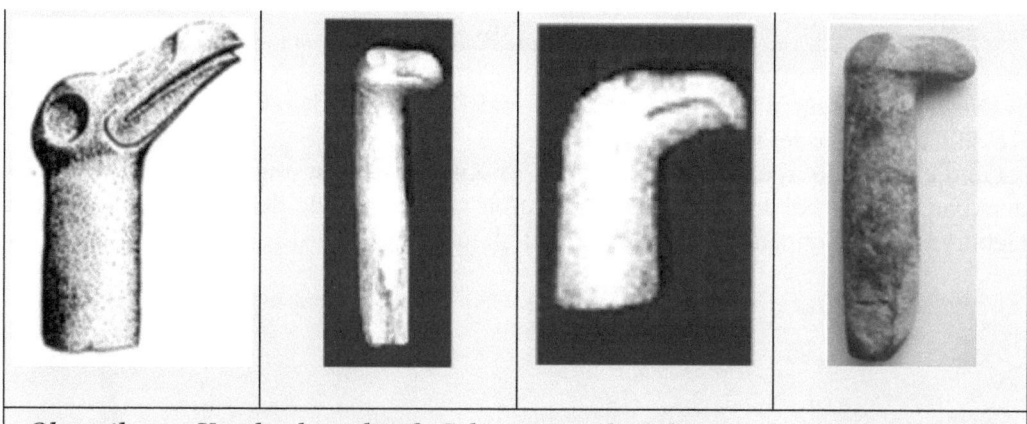

Oberteile von Vogelstäben, die als Schamanen-Abzeichen o.ä. benutzt worden sind Nemrik, 8500 v.Chr.

VII 16. Der Gürtel

Warum der Gürtel in Göbekli Tepe und auch in vielen späteren Religionen wie z.B. in dem Kult der Germanen ein fester Bestandteil der Kleidung der Schamanen, Seherinnen und Priester ist, ist nicht ganz klar. Geht es dabei vielleicht mehr um die Symbole auf dem Gürtel als um den Gürtel selber?

Dieser Gürtel ist ein Abzeichen des Schamanen, aber kein Element des Rituals selber.

unterer Teil eines Schamanen-T-Pfeiler mit Händen, Gürtel und Fuchsfell

73

VII 17.   Die Sonne

Die Sonne erscheint auf den Gravuren und Reliefs auf den T-Steinen und auf den Kesseln als Ring oder als Kreisfläche.

Ob die Sonne in irgendeiner Form Teil der Rituale war, ist ungewiß. Am ehesten ist denkbar, daß sie bei Jenseitsreisen angerufen worden ist, da der Sonnenaufgang der Geburt und der Sonnenuntergang dem Tod gleichgesetzt worden ist.

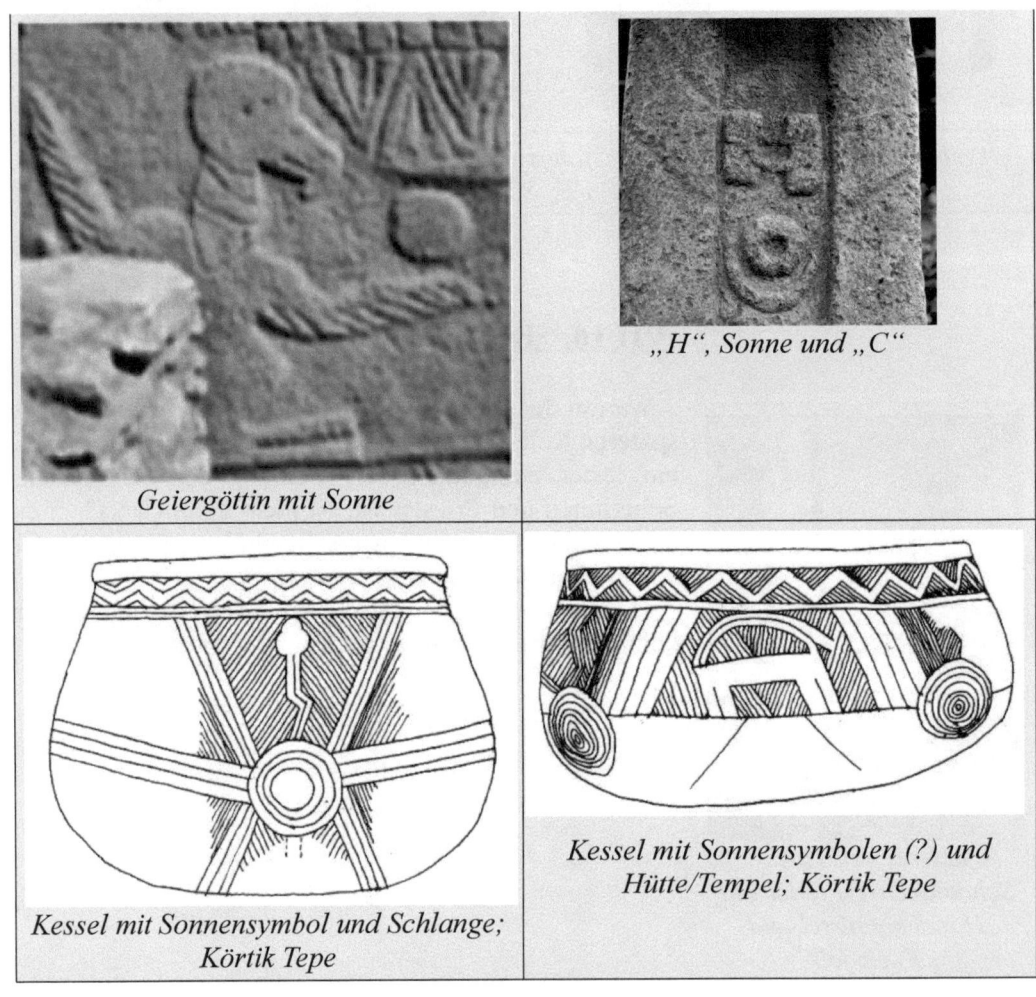

Geiergöttin mit Sonne

„H", Sonne und „C"

Kessel mit Sonnensymbol und Schlange;
Körtik Tepe

Kessel mit Sonnensymbolen (?) und
Hütte/Tempel; Körtik Tepe

VII 18. Der Otter

Der Otter ist in Göbekli Tepe nicht dargestellt worden. Da er sich aber in den Mythen von ganz Eurasien und in Amerika als die Gestalt der „Sonne in der Wasserunterwelt" findet, ist anzunehmen, daß dieses Motiv auch den Menschen von Göbekli Tepe bekannt gewesen ist.

VII 19. Die vier Himmelsrichtungen

Die Bedeutung der vier Himmelsrichtungen, an denen sich auch die Bilder in den Tempeln von Göbekli Tepe orientieren, ist bereits genannt worden: Osten/Geburt/ Sonnenaufgang – Süden/Leben/Mittag – Westen/Tod/Sonnenuntergang – Norden/ Jenseits/Nacht.[9]

VII 20. Der rechte Winkel

Wenn man die vier Himmelsrichtungen mit zwei Linien verbindet, die sich im Zentrum kreuzen, erhält man einen „natürlichen rechten Winkel". Hinzu kommt noch die Linie, die „oben" und „unten" verbindet und die ebenfalls mit den beiden anderen Linien rechte Winkel bildet. Diese sieben Richtungen finden sich in vielen alten Weltanschauungen: Mitte, oben, unten, Osten, Süden, Westen und Norden.

Auch das weitverbreitete Sonnensymbol „⊗" beruht auf dieser Struktur.

Der rechte Winkel erscheint das erste Mal in Göbekli Tepe, aber es hat ihn evtl. schon vorher gegeben, wie die Ritzungen auf dem Totempfahl von Shigir zeigen. Der rechte Winkel kommt in der Natur kaum vor und ist ein Element, das auf ein zunehmend abstraktes Denken hinweist, das verschiedene Dinge mit imaginierten Linien verbindet, die sich dann kreuzen.

Ob man den „Archäo-Kubismus" der T-Pfeiler als Hinweis auf die Sonne ansehen kann, ist fraglich, aber die Tendenz zu einer allgemeinen Abstrahierung der menschlichen Gestalt ist überhaupt nicht zu übersehen. Eine solche Abstrahierung ist ohne ein in fortgeschrittenem Maße abstraktes Denken kaum möglich.

Eine zweite Deutungsmöglichkeit der rechten Wnkel setzt an der Tatsache an, daß

---

9 Für weitere Details zu dem Zusammenhang zwischen dem Aufbau der Tempel bzw. der T-Pfeiler und den Himmelsrichtung siehe mein Buch „Göbekli Tepe".

es in der Natur kaum rechte Winkel gibt – der „Archäo-Kubismus" ist also etwas Abstraktes und Übernatürliches. Wenn die damaligen Menschen mit den rechten Winkeln genau diese Qualität ausgedrücken wollten, dann könnten die kubistischen Gestalten, also die T-Pfeiler, eben auch etwas Abstraktes und Übernatürliches darstellen, d.h. das, was unsichtbar ist: die Seele.

Diese Deutung würde gut zu der Auffassung der T-Pfeiler als den Ahnen passen. Diese T-Pfeiler wären dann nicht allgemein die Ahnen, sondern präziser gefaßt die Seelen der Ahnen.

Diese Deutung verträgt sich jedoch nicht mit der Auffassung der beiden Mittelpfeiler als „Leib und Seele" bzw. „Urahn und dessen Seele", denn der Leib sollte dann eigentlich auf natürliche, realitätsnahe und daher „runde" Weise dargestellt werden. Diesen Widerspruch könnte man nur auflösen, wenn man davon ausgeht, daß nicht nur das Abstrakte und Übernatürliche, sondern auch das Allgemeingültige und Grundlegende kubistisch dargestellt wird.

Vielleicht hat man auch einfach aufgrund der Auffassung der Seele (Astralkörper) als des Zwillings des Leibes beiden im Falle der Mittelpfeiler dieselbe kubistische Gestalt gegeben.

VII 21. Die Größe

Das, was wichtig ist, wird groß dargestellt – das, was unwichtig ist, wird klein dargestellt. Diese naïve Darstellungsweise findet sich auch sprachlich wieder: So ist ja auch „Karl der Große" nicht 4m groß, sondern ist lediglich wichtig gewesen und hat einen großen Einfluß gehabt.

In diesem Sinne läßt auch die Größe die T-Pfeiler in den Tempeln darauf schließen, daß sie „wichtige Menschen" gewesen sind. Sie sind bis zu viermal so groß gewesen wie die damaligen Menschen.

VII 22. Die Hütte

Tempel/Hütten-Symbol

Die Hütten und Tempel erscheinen auf den T-Pfeilern als ein liegenden Rechteck „▬", auf dem sich ein Halbkreis „∩" befindet, der wie ein Kuppeldach wirkt. Möglicherweise ist dies nur eine stilisierte Darstellung ohne eine besondere symbolische Bedeutung.

76

VII 23. Die Bank

*innen im Tempel umlaufende Bank;
Göbekli Tepe, 10.000 v.Chr.*

Die Bank innen an der Tempelmauer war zunächst einmal nur ein
Sitzplatz für die „Gemeinde".

Da die Göttin jedoch als „Die Sitzende" oder „die auf dem Sitz" bezeichnet worden ist (Isis, Aset,
Astarte usw.), scheint diese Bank
doch auch eine symbolische Bedeutung gehabt zu haben – vielleicht als
„Ort der Gemeinschaft" oder ähnliches.

VII 24. Das „C"

*„H", Sonne und „C" an
einem breiten Lederband
am Hals eines T-Pfeiler-
Mannes (Schamane)*

Das „C" könnte eine Hütte oder einen Tempel darstellen – sicher ist dies jedoch nicht. Falls diese Deutung zutreffen sollte, würde das „C" indirekt auch die
Göttin selber darstellen, da der Tempel ihren Bauch
repräsentiert.

Das „C" wird daher vor allem ein Abzeichen für den
Schamanen als „Mann des Tempels" oder „Mann der
Göttin" gewesen ein, aber kein Symbol, das im Ritual
verwendet worden ist.

77

VII 25.   Die Sommersonnenwende

Die Sommersonnenwende war als der Termin des Zeugungsfestes wichtig. Die Treppe in dem Turm zu Jericho (9.000 v.Chr.) ist auf den Aufgangspunkt der Sonne zur Sommersonnenwende hin ausgerichtet.

VII 26.   Der Turm

Der Turm von Jericho ist wahrscheinlich wie die Mittelpfeiler ein Weltenbaum, eine Himmelssäule u.ä. gewesen, d.h. der Weg zu den Ahnen in einem Himmelsjenseits.

Blick die erste Steintreppe (in dem Turm von Jericho) der Menschheit hinauf; auf dem Bild links ist unten der Eingang und oben der Ausgang (von einem Gitter verdeckt) zu sehen

der Turm von Jericho in der untersten Ausgrabungsschicht, vorne unten der Ein gang und oben der Ausgang; der Turm ist teilweise von neueren Bauten verdeckt

VIII   Ritual-Gesten

Aus der Kultur von Göbekli Tepe und dem umliegenden Bereich sind neun verschiedene Haltungen der Arme und Hände bekannt, von denen immerhin drei recht
sicher auch als Ritual-Gesten verwendet worden sind.

VIII 1.   Eine Hand oben, eine Hand unten

Diese Geste ist am einfachsten zu verstehen: Derjenige, der diese Geste ausführt,
verbindet oben und unten, Diesseits und Jenseits, Ahnen und Lebende.

Diese Geste hat sich bis in die Symbolik des hebräischen Buchstabens Aleph (א),
bis zu dem „Magier" und dem „Teufel" im heutigen Tarot und bis zu der Segensgeste
der Priester in der anthroposophischen Christengemeinschaft halten können.

Man kann mit sehr großer Wahrscheinlichkeit davon ausgehen, daß auch die Schamanen in Göbekli Tepe diese Geste benutzt haben – vermutlich auch schon die Schamanen in der späten Altsteinzeit, aus der diese Geste auch schon überliefert worden
ist.

*Frau, linker Arm oben,
rechter Arm unten;
Galgenberg, 32.000 v.Chr*

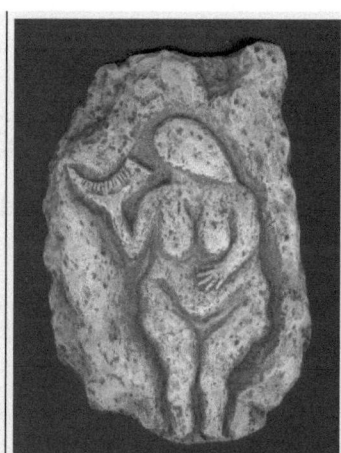

*Frau, rechter Arm mit
Horn oben, linke Hand auf
dem Bauch; Laussel,
25.000 v.Chr.*

*Frau, linker Arm oben,
rechter Arm unten;
Releveuco, 17.000 v.Chr.*

Frau, linker Arm oben, rechter Arm unten; Göbekli Tepe, 10.000 v.Chr

Frau, linker Arm oben, rechter Arm unten; Mierlo, 9.000 v.Chr.

Tarot: Der Magier; im Gegensatz zu den Steinzeit-Göttinnen hält er den rechten Arm nach oben

VIII 2.   Die Hände auf dem Kopf eines anderen

Auch diese Geste ist sehr einfach zu verstehen: Durch das Legen der Hände auf den Kopf eines anderen wird der Kontakt zu dem betreffenden Menschen hergestellt. Dies gilt sowohl für den Kopf eines lebenden Menschen als auch für den Schädel eines Toten.

Dies ist eine spontane Geste, die man in vielen Zusammenhängen finden kann, wenn es um die Herstellung eines Kontaktes geht. Am ähnlichsten sind vermutlich zum einen das Halten der Händen links und rechts von der Kristallkugel, wenn man in ihr etwas sehen will, und zum anderen das Halten der Hände links und rechts des Papierrädchens, das man mithilfe von Telekinese drehen will (siehe bei youtube: „Psi-wheel").

Diese Geste, die auf dem steinernen Totempfahl von Göbekli Tepe und auf einer Statuette von Kisilik dargestellt worden ist, wird des öfteren in den Ritualen der damaligen Zeit vorgekommen sein.

In welcher Richtung dabei eine Wirkung angenommen wurde – von der Hand zum

Kopf, von dem Kopf zur Hand, oder beides – läßt sich aus den Darstellungen nicht klar ersehen. Wahrscheinlich ging man davon aus, daß die Wirkung in beide Richtungen verlief.

Vom Kopf zu den Händen hin ist dies eine Anrufung und eine Bitte um Rat und Hilfe – vom den Händen zum Kopf hin ist dies das Geben eines Segmens o.ä.

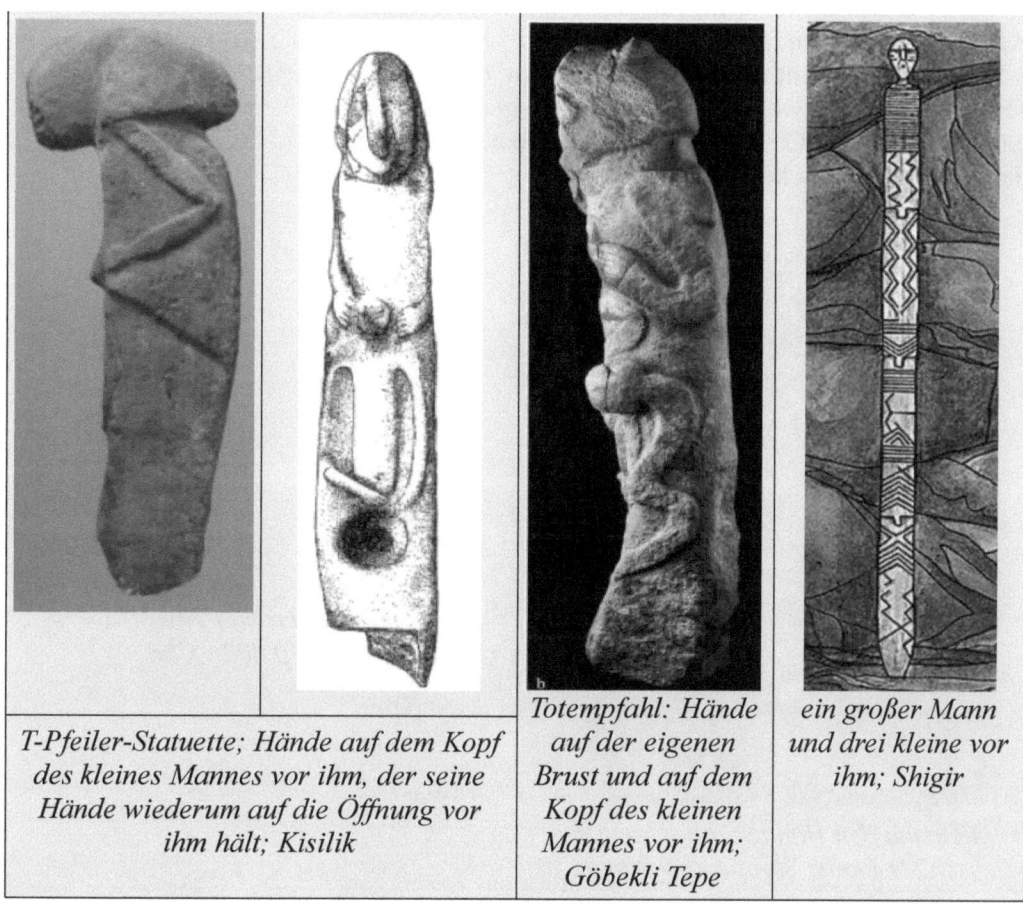

T-Pfeiler-Statuette; Hände auf dem Kopf des kleines Mannes vor ihm, der seine Hände wiederum auf die Öffnung vor ihm hält; Kisilik	*Totempfahl: Hände auf der eigenen Brust und auf dem Kopf des kleinen Mannes vor ihm; Göbekli Tepe*	*ein großer Mann und drei kleine vor ihm; Shigir*

VIII 3. Die Hände auf dem Penis

Die Deutung dieser Geste ist deutlich schwieriger als die Deutung der beiden vorigen Gesten. Ist sie eine Betonung des Penis, der für die Wiederzeugung gebraucht wird? Sind daher Statuen mit dieser Geste im Jenseits wiedergeborene Tote? Oder stellt diese Geste einen Hinweis auf die im Wurzelchakra (zwischen Genitalien und After) erwachte Kundalini dar?

Im Alten Testament findet sich der Brauch, daß eine Mann seine Hand auf den Penis seines Vaters legt, wenn er einen Eid ablegt. Es gibt jedoch keinen Hinweis darauf, daß sich die Penis-Geste von Göbekli Tepe auf solch einen Eid bezieht – oder daß es damals überhaupt schon Eide gegeben hat.

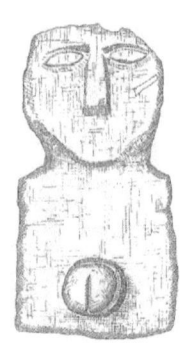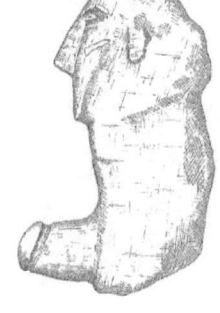

Mann mit erigiertem Penis; Göbekli Tepe, 10.000 v.Chr.

Mann mit den Händen auf seinem erigierten (?) Penis; Sanliurfa, 9.000 v.Chr.

VIII 4.   Die Hände auf dem Hara

Es ist unklar, ob die Geste, bei der die Hände auf dem Hara, d.h. kurz unterhalb des Gürtels liegen, eine spezielle Bedeutung hat – z.B. entsprechend der Funktion des Hara-Chakras ein „sich sammeln", „sich besinnen", „in sich selber Halt finden" usw.

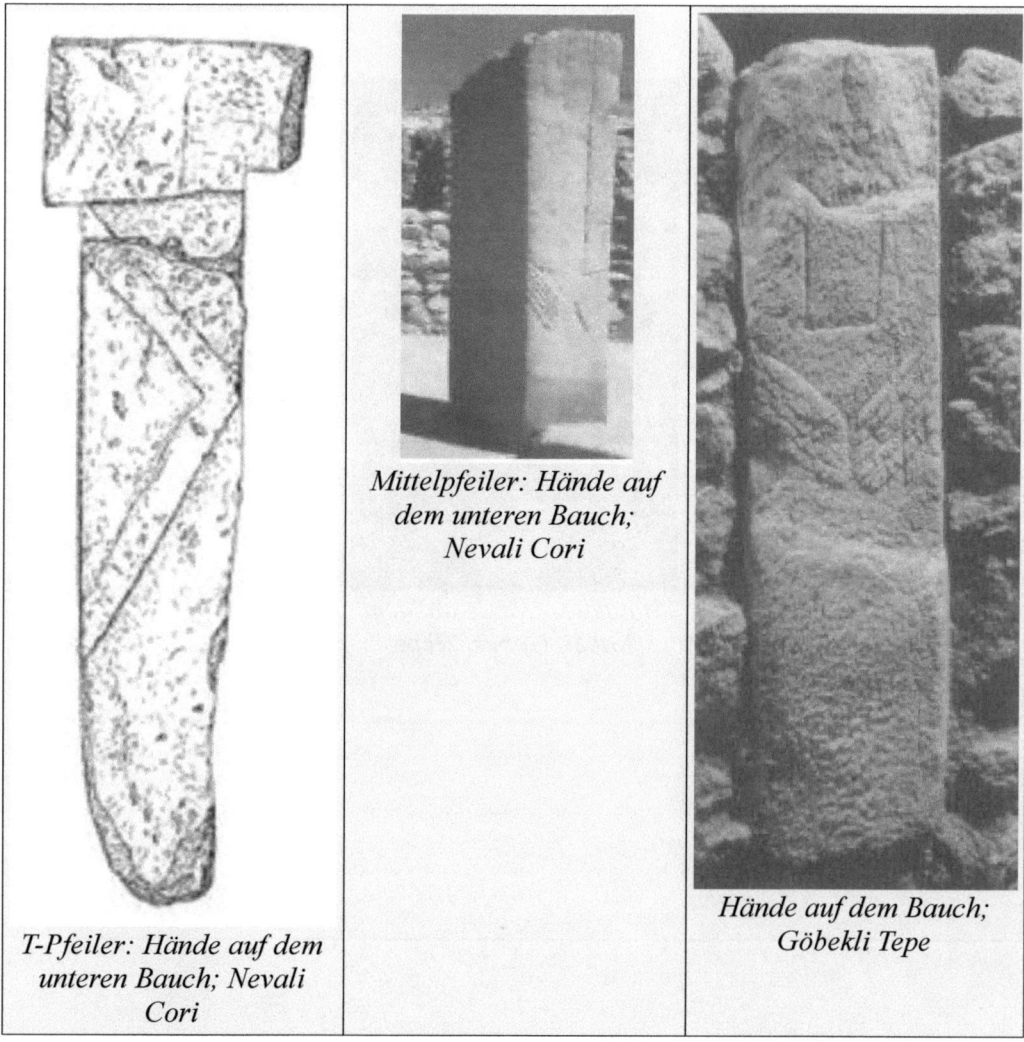

T-Pfeiler: Hände auf dem unteren Bauch; Nevali Cori

Mittelpfeiler: Hände auf dem unteren Bauch; Nevali Cori

Hände auf dem Bauch; Göbekli Tepe

VIII 5. Die Hände auf dem Sonnengeflecht

Dasselbe wie für die Geste „Hände auf Hara" gilt auch für die Geste „Hände auf Sonnengeflecht", bei der die Hände kurz oberhalb des Gürtels auf dem Bauch liegen.

Es gibt keinen deutlichen Hinweis darauf, daß hier die Hände die eigene Lebenskraft schützen oder lenken sollen – was die üblichen Aufgaben des Sonnengeflecht-Chakras wären.

Hände über dem Gürtel auf der Höhe des Sonnengeflechts

Statuette: Hände auf dem Nabel, Göbekli Tepe

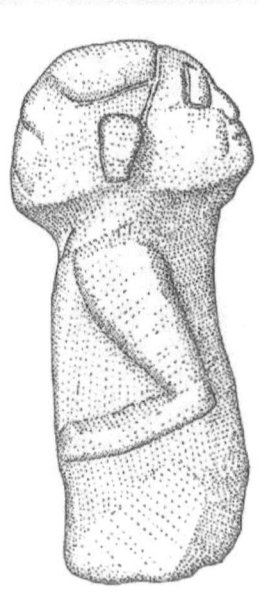

Statuette: zweigesichtiger Mann (die hintere Seite ist durch das Gesicht zu erkennen, die Vorderseite durch die Haltung der Arme) mit den Händen auf dem Nabel; Göbekli Tepe

VIII 6. Die Hände auf der Brust

Statuette: Mann (keine Brüste) mit Händen auf der Brust; Göbekli Tepe

Das Legen der Hände auf die Brust könnte sich auf das Herzchakra beziehen, doch auch das ist ungewiß. Es wäre dann eine Geste der Selbstbesinnung und der Selbsterkenntnis.

Es ist auffällig, daß es Handhaltungen für die vier unteren Chakren gibt: Wurzelchakra (Penis), Hara, Sonnengeflecht und Herzchakra.

Es ist natürlich fraglich, ob man die Handhaltungen so eindeutig den Chakren zuordnen kann, aber „auf dem Penis", „kurz unter dem Gürtel", „kurz über dem Gürtel" und „auf der Mitte der Brust" ist so genau wie es möglich ist.

Allerdings sollte man davon noch nicht eine genaue Kenntnis des Chakrensystems der damaligen Menschen ableiten – zumal dann die oberen drei Chakren fehlen würden. Andererseits ist den damaligen Menschen die Kundalini bekannt gewesen, deren Fließen die Chakren aktiviert.

Über die Chakra-Kenntnis der damaligen Schamanen läßt sich daher leider nichts wirklich Sicheres sagen, außer daß sie die Kundalini gekannt haben und ihnen folglich auch die Chakren zumindestens teilweise bekannt gewesen sein müßten.

VIII 7. Die Arme gekreuzt

Statuette: gekreuzte Arme;
Nevali Cori

Die gekreuzten Arme dieser Statuette erinnern an die gekreuzten Arme des ägyptischen Korn- und Toten-gottes Osiris, bei dem allerdings nur die Unterarme und nicht die ganzen Arme gekreuzt sind.

Die Deutung dieser Haltung ist schwierig – und die Bohrlöcher, die sich ausschließlich in den Armen befinden, machen die Deutung nicht einfacher. Die Gestalt wirkt wie gefesselt und an den Armen verletzt – aber warum sollte man solch einen Zustand darstellen?

Bei den Löchern kann es sich nicht um Hinweise auf Getreidekörner handeln, da es damals noch gar keinen Ackerbau gegeben hat.

Diese Geste ähnelt der vorigen Geste „Hände auf der Brust", aber sie scheint einen anderen Charakter zu haben.

VIII 8. Die Hände seitlich nach unten gestreckt

flaches Stein-Bruchstück:
Mann mit seitlich nach
unten ausgestreckten
Armen auf Tempel mit
Schlange (links) und
Skorpion (rechts); Tell Abr

Wie die vorige Geste, ist auch diese Geste nur einmal überliefert. Sie stellt vermutlich den Urmenschen, d.h. eine der beiden Mittelsäulen in den Tempeln dar (die andere ist der Astralkörper des Urmenschen). Dieser sehr einfach geritzte Mensch steht genau über dem Mittelpfeiler.

Es ist unbekannt, ob diese Geste eine besondere Bedeutung hatte oder ob sie nur ein einfaches „stehendes Strichmännchen" ist. Die Gestalt sieht auf jeden Fall selbstsicher und zugleich entspannt aus.

VIII 9.   Die Arme erhoben

Gruppe von zwei Menschen und einer unklaren Gestalt; Nevali Cori

Auch diese Geste erscheint nur auf diesem einen Fundstück. Sie drückt vermutlich Freude aus.

Die Deutung dieser Geste wird dadurch erschwert, daß das Wesen in der Mitte nicht klar erkennbar ist. Es könnte sich um ein Baby handeln, aber auch um eine Schildkröte oder um noch etwas anderes.

Wenn es eine Freude- und Jubel-Geste sein sollte, ist sie so universell, daß man sie nicht als eine spezielle rituelle Geste anzusehen braucht.

VIII 10.   Die Hände liegen nebeneinander

Es ist auffällig, daß die Hände bei allen diesen T-Pfeilern, Statuen und Statuetten niemals übereinander, sondern stets nebeneinander liegen. Wenn man betrachtet, was damals schon alles dargestellt worden ist, kann das kein Zufall sein.

Übereinanderliegende Hände würden den Ort, an dem sie liegen – z.B. das Chakra – betonen. Nebeneinanderliegende Hände machen hingegen eher den Eindruck einer Ruheposition – was eher gegen eine rituelle Geste spricht.

IX   Ritual-Grundlagen

Die Astralreise und die Erweckung der Kundalini sind beides wichtige Grundlagen der Rituale der Schamanen – wenn auch auf ganz verschiedene Weisen.

IX 1.   Die Astralreise

Die Astralreise ist kein Ritual und auch kein Bestandteil eines Rituals. Sie ist das Erlebnis, das einem Menschen deutlich macht, daß man mehr als nur der physische Körper ist. Von daher ist die Astralreise die solideste Grundlage für jeden magisch-religiösen Spezialisten.

Bei vielen Naturvölkern wird nur derjenige wirklich als Schamane anerkannt, der bei einem Unfall oder einer Krankheit ein Nahtod-Erlebnis, d.h. eine Astralreise erlebt hat.

Für den Kontakt zu den Ahnen ist jedoch keine Astralreise notwendig. Dafür genügt auch schon eine einfache Traumreise, bei der das Wachbewußtsein mit dem Traumbewußtsein (Unterbewußtsein) gekoppelt wird. Da Telepathie das Sinnesorgan des Unterbewußtseins ist, kann man auch mithilfe einer Traumreise Kontakt zu den Ahnen aufnehmen.

Wie die heutigen Familienaufstellungen zeigen, kann man sogar ganz ohne Vorbildung und Übung Kontakt zu den Ahnen erhalten.

Trotzdem ist eine Astralreise ein ausgesprochen wertvolles Erlebnis, da es die eigene Weltanschauung völlig verändern kann.

IX 2.   Die Kundalini

Auch das Erwecken der Kundalini ist keine zwingende Voraussetzung, um ein Schamane werden zu können. Sie ist wie die Astralreise auch kein Ritual und auch kein Ritual-Bestandteil.

Wenn man jedoch seine Kundalini erweckt hat und sie aufgestiegen ist und frei fließen kann, wird die magische Wirkung der Rituale, die man durchführt, wesentlich größer. Es ist also für einen angehenden Schamanen durchaus erstrebenswert, die Kundalini in sich zu erwecken. Die dadurch entstehenden magischen Fähigkeiten werden in Indien „Siddhis" genannt.

X Rituale

Nachdem nun die verschiedenen Elemente eines Rituals aus der damaligen Zeit beschrieben worden sind, kann man nun die Rituale selber betrachten.

Da niemand mehr die Rituale selber sehen kann, ist man dabei auf Rekonstruktionen angewiesen, die auf der damaligen Lebens-Umgebung, dem damaligen Weltbild, auf den bekannten Ritual-Elementen sowie der inneren Logik eines Rituals beruhen.

X 1. Das Schwitzhüttenritual

Das Schwitzhütten-Ritual ist aus ganz Eurasien bekannt und wird in seinen Grundzügen auch schon in der Altsteinzeit und zu Beginn der Jungsteinzeit in recht ähnlicher Form abgelaufen sein.

Die Teilnehmer sitzen dabei nackt in einer dicht geschlossenen, halbkugelförmigen Hütte aus Stäben und Fellen. In ihr liegen in der Mitte glühende Steine, die aus dem Feuer vor der Hütte hereingebracht worden sind. Über diese Steine wird Wasser gegossen.

Dabei werden sowohl die Große Mutter als auch die Ahnen und die Tiergeister zu Hilfe herbeigerufen worden sein.

Die Wesen im Schwitzhütten-Ritual	
heutige Schwitzhütte	*Göbekli Tepe*
Schlange im Westen	Schlange
Bär im Norden	Panther und Panthermann
Adler im Osten	Geiergöttin; Sonne in Geiergestalt (Flügelsonne)
Büffelfrau im Süden	Kuhgöttin
Großmutter Erde unten	zweifache Göttin
Großvater Himmel oben	Urmensch (Leib-Mittelpfeiler)
„Großes Geheimnis" (Wakan tanka) in der Mitte	Blut bzw. den rote Ocker als das Symbol für „Leben" und „Lebenskraft"; Urmensch (Seele-Mitelpfeiler)
Ahnen; Kreis der Schwitzhütten-Stäbe	Ahnen; Kreis der T-Pfeiler

Dieses Rufen der verschiedenen Wesen n dei Schwitzhütte wird in Göbekili Tepe von dem Schamanen geleitet. Dabei hat er vermutlich sowohl Worte, die er an die Große Mutter, die Ahnen und die Tiergeister gerichtet hat, als auch Lieder, die gemeinsam gesungen werden. Möglicherweise wurde schon damals das Tambourin als Schamanentrommel verwendet – diese schlichte „Flach-Trommel" ist im Zusammenhang mit dem Schamanismus sehr weit verbreitet.

Das Ziel der damaligen Schwitzhütten wird das Erlangen der Pantherkraft für die erfolgreiche Jagd, das Erwecken der Kundalini zur Verstärkung der eigenen Kraft, und die Bitte um Gesundheit und Heilung gewesen sein. Möglicherweise wird auch um viele Kinder gebeten worden sein oder um die Heilung eines bestimmten Kranken, das Finden von Mammuts als Jagdbeute und ähnliches. Bei diesem Ritual könnte auch die Kundalini-Schlange von den Ahnen in der Erde heraufgerufen worden sein.

Es ist denkbar daß auch schon damals die vier Tiere den vier Himmelsrichtungen zugeordnet worden sind – doch das ist ungewiß.

Vermutlich hat der Schamane, der die Schwitzhütte geleitet hat, an manchen Stellen der Anrufungen auch die oben/unten-Geste verwendet.

Eine wesentliche Wirkung der Schwitzhütte wird wie auch noch heute das Wiederfinden von Urvertrauen und Geborgenheit gewesen sein.[10]

X 2. Das Tempel-Ritual

Dieses Ritual habe ich zu einem großen Teil bereits in meinem Buch „Göbekli Tepe" beschrieben.

1. **Das Festlegen des richtigen Zeitpunktes**: Manche Rituale wie z.B. Heilungen oder Bestattungen finden dann statt, wenn sie aus den äußeren Umständen heraus anstehen. Der richtige Zeitpunkte für andere Rituale mußte hingegen auf abstraktere Weise bestimmt werden wie z.B. die Sommersonnenwende für das Zeugungsfest.

Auch die vermuteten neun Monate nach der Bestattung mußten gezählt werden, um die Zweitbestattung, bei der der Schädel des Verstorbenen entnommen und evtl. über ihm das Gesicht des Verstorbenen mit Lehm geformt wurde, zum richtigen Zeitpunkt durchführen zu können.

Diese Übersicht über die Ritualtermine wird recht sicher zu den Aufgaben des Schamanen gehört haben.

---

10 Für weitere Details siehe mein Buch „Schwitzhütten".

2. Der Zeitpunkt am Tag: Diese Zeitpunkte ergeben sich aus der Symbolik des täglichen Laufs der Sonne, aber ob sich die Schamanen damals an dieser Symbolik orientiert haben, ist natürlich ungewiß.

- Die Rituale mit Sonnenbezug könnten mittags stattgefunden haben.

- Für Rituale, für die das Gleichnis zwischen Sonnenaufgang und Wiedergeburt wichtig gewesen ist, wäre der Morgen der passende Zeitpunkt.

- Bestattungen könnten am Abend durchgeführt worden sein.

- Den Kontakt mit den Ahnen könnte man in der Nacht gesucht haben.

3. Der Weg zu den Tempeln: Da die Jäger nicht auf dem Göbekli Tepe wohnten, mußten sie, um dort ein Ritual durchführen zu können, dort hingehen. Es ist denkbar, das man gemeinsam von der Siedlung der Jäger zu den Tempeln aufbrach. Es kann aber auch sein, das man sich erst in der Nahe der Tempel traf.

Vielleicht gab es bestimmte Bräuche, die mit diesem Weg verbunden waren, vielleicht hatte dieser „Kirchgang" aber auch nur eine besondere Stimmung.

4. Die Omen: Vielleicht wertete man es als ein gutes Omen, wenn man auf dem Weg zum Göbekli Tepe einen Geier über diesem Berg kreisen sah – dann war die Große Mutter offensichtlich mit ihrer Aufmerksamkeit bei den Jägern, die gerade zum Göbekli Tepe gingen.

5. Die Wächter: Da die verschiedenen Jägersippen ein gutes Stück von den Tempeln entfernt wohnten und daher möglicherweise manchmal für längere Zeit nicht dorthin kamen, ist es denkbar, das auf dem Göbekli Tepe einige Jäger blieben, um ihn zu bewachen. Vielleicht wohnten sie in den wenigen Hütten, die sich am Rand der Tempelanlage fanden.

Falls es diese Wächter tatsächlich gegeben haben sollte, werden die Jäger, wenn sie zu einem Ritual nach Göbekli Tepe kamen, wohl von diesen Wächtern begrüßt worden sein.

Vielleicht waren diese Wächter auch dafür zuständig, die Tempel zu reinigen, lose Steine in den Mauern wieder zu befestigen, Tiere fernzuhalten u.a.

6. Die Kleidung der Schamanen: Wahrscheinlich werden die Schamanen ihre „Arbeitskleidung" nicht ständig getragen, sondern sie erst vor dem Ritual angelegt haben: den Ritualgürtel, das Fuchsfell usw. Vielleicht nahmen sie auch zu diesem Zeitpunkt einen Vogelstab als Zeichen, das sie mit ihrem Seelenvogel ihren Körper verlassen konnten, in die Hand.

7. **Das Betreten des Tempels**: Aufgrund der Lochsteine und der U-Steine am Eingang des Gangs, der zu dem Tempel führt, ist es sicher, das das Betreten des Tempels etwas Besonderes gewesen ist. Vermutlich kehrte man symbolisch in den Bauch der Großen Mutter zurück oder man trat zumindest in den symbolischen Bereich des Jenseits ein, in dem die Große Mutter die Toten wiedergebar.

Die beiden Panther auf den U-Steinen werden sowohl Wächter als auch Hinweise auf die Kraft der Großen Mutter gewesen sein, die in den Ritualen den Jägern diese Kraft sandte.

8. **Das Betreten des Innenraumes**: Um in den inneren Tempelraum zu gelangen, mußte man eine kurze Leiter hinaufklettern, durch eine Öffnung in dem inneren Kuppeldach klettern und dann eine zweite kleine Leiter innen wieder in den Raum hinabsteigen.

9. **Das Entzünden der Lichter im Tempel**: In den Tempeln von Göbekli Tepe gab es einige Steine, die aus der inneren Tempelmauer in den Tempel selber hineinragten. Vermutlich dienten sie als Stellplatz für „Knochenkerzen" sowie für die kleinen Öllämpchen, von denen man einige gefunden hat.

10. **Die Versammlung im Tempel**: Die Sitzbänke, die rings um den Tempelinnenraum angebracht worden sind, lassen vermuten, das sich die Menschen dort niederließen.

Der Kreis, den sie dadurch bildeten, wird eine lange Tradition haben, denn auch in den Schwitzhütten, die es damals vermutlich schon seit 600.000 Jahren gegeben haben wird, sitzt man im Kreis. Ebenso ergibt sich aus dem Wärmen an einem Lagerfeuer oder aus dem Essen des Fleisches, das auf einem Lagerfeuer gebraten wurde, eine kreisförmige Versammlung.

Man wird daher davon ausgehen können, das das Niedersetzen im Kreis ein Ausdruck für die Herstellung des Bandes der Gemeinschaft gewesen ist. Ob es dabei ein besonderes Verhalten gegeben hat wie z.B. das Händereichen zu den beiden Menschen, die neben einem sitzen, läßt sich natürlich nicht mehr feststellen, aber es wäre zumindestens gut denkbar.

11. **Der Sitzplatz der Großen Mutter**: Es ist gut möglich, daß ein graviertes Bild oder eine Statuette der Großen Mutter in den Tempel gestellt wurde. Möglicherweise stand es gegenüber dem Eingang auf der Bank – aber das ist nur eine Vermutung. Wahrscheinlich blickte man vom Eingang aus zwischen den beiden Mittelpfeilern hindurch auf das Bild der Göttin. Die Göttinnen-Namen „Aset", „Isis", „Ishtar", „Astarte" und noch einige andere bedeuten „Die Sitzende", „Die Göttin auf dem Sitz" oder „Die Throngöttin".

12. **Der Sitzplatz des Schamanen**: Bei den nostratischen Völkern, die von den Menschen von Göbekli Tepe abstammten, scheint es allgemein unter dem „Jenseits-reise-Fell" ein „Jenseitsreise-Podest" gegeben zu haben. Die Druiden benutzten dafür ein Geflecht aus Ebereschenzweigen, die germanischen Zauberer ein Gestell aus Holz, die Mysten in Eleusis einen dreibeinigen Schemel, der Sem-Priester in Ägypten einem flachen „Tisch", die Schamanen von Harappa in Indien ein flaches Podest usw. Am bekanntesten ist dieses „magische Möbelstuck" sicherlich von den Göttern in Indien, die stets auf einem Podest in der Form einer Lotusblüte sitzen. Dieses Lotus-blüten/Gott-Motiv ist auch aus Ägypten bekannt.

Da dieses Podest letztlich einen Grabhügel bzw. ein Hügelgrab darstellt, ist solch ein Jenseitsreise-Podest in Göbekli Tepe möglicherweise nur außerhalb der Tempel verwendet worden, da der Tempel selber als Bauch der Großen Mutter schon ein Jenseits-Symbol ist.

Da von einigen Völkern der Brauch bekannt ist, sich auf das Grab dessen zu setzen, mit dem man Kontakt aufnehmen will, könnte dies auch schon für Göbekli Tepe zugetroffen haben – sofern man aus irgendeinem Grund den Totenschädel des Verstor-benen nicht benutzen konnte.

Es ist natürlich denkbar, daß der Schamane auch in dem Tempel einen speziellen Platz gehabt hat – ähnlich wie in der Schwitzhütte der „Wasseraufgießer" (Schamane) und der „Feuermann" (der die glühende Steine hereinholt).

13. **Das Bekleiden der T-Pfeiler**: Die Löcher an den T-Pfeilern zeigen, das man manchmal Dinge an diesen Pfeilern befestigt hat. Die Größe der Löcher legt nahe, das man Lederbänder durch sie zog, um etwas mit diesen Bändern festzubinden. Die Anordnung mancher Bänder eignet sich besonders gut für das Befestigen von Fellen.

Für diese Felle kommen zunächst einmal die Felle der Tiere, die auch auf den T-Pfeilern von Göbekli Tepe abgebildet worden sind, infrage. Für die Schamanen-T-Pfeiler wäre ein Fuchsfell naheliegend, für den Urahn-T-Pfeiler ein Stierfell und als Symbol für die von der Großen Mutter und den Ahnen ersehnte Pantherkraft ein Pantherfell.

14. **Die oben/unten-Geste**: Der Schamane hat das Ritual möglicherweise damit begonnen, daß er seinen linken Arm erhoben und seinen rechten Arm gesenkt hat.

Vermutlich hat er dabei auch die Große Mutter angerufen, die als „zweifache Göt-tin" sowohl die Diesseits-Mutter als auch die Jenseits-Mutter war.

15. **Die Schädel der Ahnen**: Die Schamanen werden mithilfe des Legens ihrer Hände auf den Schädel eines bestimmten Toten zu diesem konkreten Toten Kontakt aufgenommen haben. Möglicherweise ist dies auch durch die Nachkommen dieses Toten geschehen.

Dabei wird sich der Schamane bzw. einer der Nachkommen des angerufenen Ahnen vermutlich auf den Boden gehockt haben, seine Hände auf den Schädel vor sich auf der Erde gelegt und dann „via Schädel" dem betreffenden Ahnen seine Fragen und Bitten mitgeteilt haben.

In diesem Zusammenhang sind möglicherweise auch die steinernen Menschenköpfe, die in Göbekli Tepe gefunden wurden, verwendet worden.

16. **Gesang**: Es ist auch denkbar, das es allgemeinere Formen der Bitte um den Segen der Ahnen gegeben hat wie z.B. gemeinsames Singen. Solch ein Brauch hinterläßt natürlich keinerlei archäologische Spuren, aber die weltweite Verbreitung von rituellen Gesängen macht solch ein Element recht wahrscheinlich.

Wenn es Lieder gegeben haben sollte, werden die damaligen Jäger sicherlich auch ein etwas umfangreicheres Repertoire für verschiedene Gelegenheiten besessen haben.

17. **Tanz**: Der Tanz ist ein weltweit verbreitetes Mittel der Schamanen, um sich in Ekstase zu versetzten. Diese Methode leitet sich wahrscheinlich von den Jagdzaubern ab, in denen man sich mit einem Tier identifiziert, indem man dessen Bewegungen und Laute nachahmt. In der Regel wird dieses Tier das Großraubtier gewesen sein, dessen Kraft und Jagderfolg man sich auf diese Weise herbeirief.

Solche Panther-Identifikations-Tänze erscheinen auch für die Schamanen und Jäger von Göbekli Tepe recht wahrscheinlich, wenn man bedenkt, das der Panther das Symbol für das war, was sie sich die Menschen von ihren Ahnen erhofften. Dieser Tanz wird sehr wahrscheinlich die Ahnen mit einbezogen haben.

Ein Kennzeichen dieser Jagdzauber-Tänze ist daher das Fell des Großraubtieres, das sich bei Schamanen in aller Welt als ihr Kennzeichen findet. Der Schamane als der „starke Magier" hat dieses Symbol von dem „starken Jäger" übernommen.

Der Raum in den Tempeln, die einen inneren Durchmesser von 6m bis 12m haben, würde für einen Ekstasetanz des Schamanen oder einen eher ruhigen Kreistanz von allen Anwesenden durchaus gereicht haben. Ein Ekstasetanz der gesamten Gruppe erscheint jedoch eher unwahrscheinlich – schließlich stehen auch noch die beiden Mittelpfeiler im Zentrum des Tempels.

18. **Versenkung**: Die zweite Jenseitsreise-Methode der Schamanen neben der Tanz-Ekstase beruht auf der Nachahmung des Todes und besteht folglich aus einem Still-Dasitzen, was heute als „Meditation" bekannt ist. Bei dieser Methode verwenden die Schamanen so gut wie immer die Symbolik der Bestattung, d.h. sie hüllen sich in das Fell eines Herdentieres, in das auch die Toten gehüllt werden, um sie mit der Zeugungskraft dieser Tiere zu verbinden.

Aus dieser Symbolik stammt das Bild des Ahns als Gehörntem, das sich aufgrund der Nachahmung der Bestattung durch die Schamanen bei ihrer Jenseitsreise auch auf die Schamanen selber übertragen hat. Da das Bild des gehörnten Mannes auch schon aus der späten Altsteinzeit bekannt ist, wird es vermutlich auch den Menschen in Göbekli Tepe geläufig gewesen sein.

Es ist denkbar, das der mehrfach dargestellte hockende Mann, der vor sich einen Schädel hält, ein meditierender Schamane ist.

19. **Ritualtrank**: Es ist denkbar, aber ungewiß, daß die Steingefäße, die vor allem in Körtik Tepe mit Szenen verziert worden sind, die auf die Rituale hinweisen, auch in Göbekli Tepe für einen „magischen Trank" (Wasser, Met?) in Benutzung gewesen sind, der während des Rituals getrunken wurde. Er wird wahrscheinlich die „Milch der Großen Mutter" dargestellt haben.

20. **Die Jenseitsreise**: Die Reise des Schamanen in das Jenseits wird vermutlich das Kernstück der Rituale gewesen sein, da dies zum einen die wesentliche Aufgabe der Schamanen ist und zum anderen die Tempel von Göbekli Tepe ganz auf die Große Mutter und die Ahnen ausgerichtet gewesen zu sein scheinen.

Aus diesen Ahnen und insbesondere aus dem Urahn und der Sonne wurden erst im Verlauf der Jungsteinzeit allgemeine Urbilder, also Gottheiten.

Ob die Schamanen ihre Reise ins Jenseits alleine unternahmen oder ob sie die Anwesenden in irgendeiner Weise dabei „mitnahmen", läßt sich kaum noch sagen. In den frühen schriftlichen Überlieferungen über den Schamanismus reist der Schamane immer alleine, aber hat dabei Rückhalt in dem Kreis der Menschen, für die er reist. Daher scheint dieses Szenario auch für die Rituale in Göbekli Tepe am wahrscheinlichsten.

Es kommt allerdings in den heutigen schamanischen Traditionen immer wieder einmal vor, daß auch einer der Teilnehmer, der selber kein Schamane ist, bei der Jenseitsreise des Schamanen spontan in Trance fällt.

Vermutlich wird das Szenario auch damals auf dem Göbekli Tepe genauso wie im heutigen Schamanismus ausgesehen haben, da man in der Regel nicht ohne längere Vorbereitung seinen Körper verlassen kann (Astralreise). Die Ausnahme von dieser Regel ist es, das es auch Menschen gibt, die solch eine Astralreise oder den Kontakt mit einem Ahn spontan erleben können – dies wird es damals genauso wie heute gegeben haben.

Ein deutlich weniger dramatisches Erlebnis bei einem schamanischen Ritual ist der spontane Kontakt zu einem Verstorbenen. Wie solch eine spontane „Verwandlung" in einen Verstorbenen aussehen kann und sich anfühlt, kann man heutzutage am einfachsten bei einer Familienaufstellung erleben.

21. **Die T-Pfeiler**: In den Ritualen wird sicherlich auf die Wesen, die von den T-Pfeilern verkörpert wurden, also den Urahn/Urmenschen, die Seele und die Ahnen allgemein, durch Worte und evtl. auch Handlungen und Lieder Bezug genommen worden sein.

22. **Die Mittelpfeiler**: Das Ritual wird vermutlich immer wieder auf die beiden Mittelpfeiler Bezug genommen haben, da diese die zentrale Aussage „Jeder Mensch hat eine Seele." dargestellt haben.

23. **Die Große Mutter**: Die Göttin wird als allgemeiner Hintergrund des Rituals in Form des Tempels sowie als graviertes Bild auf einer Steinplatte u.ä. ein Teil des Rituals gewesen sein.

24. **Die Tiere auf den T-Pfeilern**: Dasselbe wie für die T-Pfeiler gilt auch für die auf den T-Pfeilern abgebildeten Tiere, da man durch diese Rituale die Kraft des Panthers, die Begleitung des Fuchses, die Fruchtbarkeit und Zeugungskraft der Wildschweine, der Rinder usw. herbeirief.

Die Bezüge zu anderen Tieren werden spezieller gewesen sein wie z.B. zu den Ahnen-Seelenvögeln oder zu den Schlangen, Skorpionen, Spinnen und Tausendfüßlern als den vier Symbolen des Jenseitsweges.

25. **Die Lebenskraft**: Sie könnte durch den Seelen-Mittelpfeiler, durch Blut und durch roten Ocker repräsentiert worden sein, aber vielleicht wurde sie auch schon ohne Bild als das „Leben" in allem angesprochen.

26. **Die Opferlöcher im Boden der Tempel**: Die Mulden in dem Terrazzoboden der Tempel sind sicherlich kein Versehen der Erbauer von Göbekli Tepe gewesen, sondern waren für einen besonderen Zweck gedacht. Eine Mulde lädt dazu ein, etwas in sie hineinzulegen oder hineinzugießen.

Nun konnte man ja eine wertvolle Gabe, die man im Tempel opfert, eigentlich auch auf eine Erhöhung legen, um sie zu präsentieren und vor versehentlicher Beschädigung zu schützen. Wenn die damaligen Jäger jedoch die Mulde im Boden des Tempels als passend empfanden, wird dies wohl daran liegen, das sie die Dinge in der Mulde „nach unten" in die Unterwelt senden wollten.

Vielleicht sprach man auch durch diese Mulde nach unten hin mit den Ahnen. Es ist denkbar, daß diese Mulden auch mit Wasser gefüllt wurden, damit sie Eingänge in die Wasserunterwelt repräsentierten.

Die Deutung als die zentrale Mulde einer Schwitzhütte, in die man die glühenden Steine legt und sie anschließend mit Wasser übergießt, ist unwahrscheinlich, da es schwierig gewesen dürfte, einen so großen Tempelraum ausreichend zu erhitzen.

27. **Das Opfertier**: Die Opferung von Tieren ist in so gut wie allen Kulturen verbreitet. Die Wurzel dieses Brauches ist recht sicher das Senden von Speisen in das Jenseits zu den Ahnen, wofür diese Speisen, aber auch die den Ahnen gespendeten Alltagsgegenstande natürlich ebenfalls „tot" sein mußten.

Es ist auch gut denkbar, das auch der Schamane bei wichtigen Jenseitsreisen ein Tier opferte. Aus historischer Zeit ist bekannt, das z.B. die Druiden einen Stier opferten und häuteten, sich in das Stierfell hüllten und dann als „Stier-Mann" in das Jenseits reisten. Einen ganz ähnlichen Brauch hatten auch die Germanen, die diese Methode „uti-seta" („Draußensitzen") nannten. Auch die ägyptischen Schamanen („Sem-Priester") hüllten sich auf ihrer Jenseitsreise in ein Fell ein.

Das Fell, in das sich der Jenseitsreisende hüllt bzw. auf dem er sitzt, findet sich auch in den Mysterienkulten, in denen z.B. Mithras dafür einen Stier opfert oder in denen Demeter bzw. der Einzuweihende in Eleusis auf einem dreibeinigen Schemel saß, auf dem ein Ziegenfell lag.

Dieses „Jenseitsreise-Fell" entspricht sicherlich dem Fell des Herdentieres, das man für den Toten opferte, um dem Toten dann dadurch, daß man ihn in dieses Fell hüllte, die Zeugungskraft dieses Tieres zu übertragen. Was für den Toten auf seiner Jenseitsreise gut ist, mußte schließlich auch für den Schamanen auf seiner Jenseitsreise gut sein.

Diese gesamte Wiederzeugungs-Symbolik paßt natürlich nur auf männliche Tote … eine spezielle Mythologie für weibliche Tote scheint es nicht gegeben zu haben.

28. **Die Sonne**: Vermutlich wird es auch Bezüge des Rituals zur Sonne gegeben haben. Sie könnte direkt angesprochen worden sein – immerhin sind die Tempel nach Süden hin ausgerichtet, wo die Sonne am Mittag am höchsten steht. Dies könnte bedeuten, das die Rituale mit einem wichtigen Bezug zur Sonne mittags stattfanden.

Auch die Steingefäße von Körtik Tepe zeigen eine ausgeprägte Sonnensymbolik, sodaß man vermuten kann, das der Trank in dem Steingefäß mit der Sonne assoziiert worden ist. Vielleicht identifizierte man sich durch das Trinken aus dem Steingefäß mit der Sonne. Falls dies zutreffen sollte, müßte diesem rituellen Trinken eine Identifizierung des Trankes mit der Sonne vorausgegangen sein. Die Ähnlichkeit mit der Herstellung des indischen Soma oder der Weihung des Weines in der christlichen Eucharistie wäre dann so groß, das man von einer Kontinuität von Göbekli Tepe bis zu den Indogermanen und der christlichen Tradition ausgehen müßte.

Dies ist aber vorerst nur eine Hypothese, auch wenn sie die Sonnen-Symbolik gut erklären wurde.

29. **Die fruchtbare Ebene**: Es erscheint recht wahrscheinlich, das sich die Rituale der Jäger auch auf die wildreichen Jagdgründe in der fruchtbaren Ebene südlich des Göbekli Tepe bezogen haben werden. Die von den Ahnen gerufene Kraft des Panthers

diente schließlich vor allem dazu, erfolgreich das Wild zu jagen. Daher wird auch diese Ebene in den Ritualen erwähnt worden sein.

Es ist durchaus denkbar, das die Erbauer ihr Jenseits wie die Indianer in Analogie zu der fruchtbaren und daher auch wildreichen Ebene als „ewige Jagdgrunde" auffaßten.

30. **Weihungen**: Als ein weiteres Element der Rituale in den Tempeln von Göbekli Tepe sind Weihungen von Amuletten, Pfeilspitzen, Pfeilglättern, Statuetten u.ä. recht wahrscheinlich.

31. **Verlassen des Tempels**: Das Verlassen des Tempels durch den Lochstein und den U-Stein wird wie das Betreten des Tempels von besonderer Bedeutung gewesen sein.

Ob es für das Betreten und Verlassen des Tempels spezielle Verhaltensvorschriften gegeben hat, ist natürlich nicht überliefert. Man wird aber wohl davon ausgehen können, das die Menschen damals diesen Übergang in beide Richtungen hin als etwas Besonderes erlebt haben werden.

X 3. Das Zeugungsritual

Dieses Ritual ist in bei den Jägern in Eurasien während der Eiszeit, also von 600.000 bis 10.000 v.Chr. notwendig gewesen. Die Neugeborenen hatten die größte Überlebenschance, wenn sie zu Beginn der sommerlichen Warmzeit auf die Welt kamen und zu Beginn des Winters dann schon etwas größer und widerstandsfähiger geworden waren. Der sinnvolle Zeugungstermin berechnet sich mithilfe einer einfachem Subtraktion: „Frühlingsanfang" minus „Dauer der Schwangerschaft".

Durch diese einfache Rechnung ergeben sich auch die Brunstzeiten der größeren Säugetiere im kalten Nordeurasien – in wärmeren Gebieten auf der Erde gibt es solche Brunstzeiten hingegen nicht.

Bei den Tieren wird diese Festlegung der Zeugungszeit offenbar durch Instinkte geregelt – wie das bei den Menschen ausgesehen hat, läßt sich nicht so einfach sagen. Zumindestens ist aus Eurasien und auch von den Indianern im Amerika (die von den Nordost-Eurasiaten abstammen) ein Fest bekannt, das im Sommer stattfindet und das den Sex als wichtiges Element enthält. Dies ist bei den Sumerern die Vereinigung des Königs mit der Hohepriesterin, bei den Kelten Beltane (Walpurgis), bei den Dakota-Indianern das Fest im Sommer, bei der Sex außerhalb der Beziehung erlaubt ist usw. Ein großer Teil dieser Symbolik ist heute auf Karneval übertragen worden – neun Monate nach Karneval sind die Kreißsäle deutlich voller als im übrigen Jahr.

Falls dieses Zeugungsfest nicht auch bei den Menschen instinktiv abgelaufen ist, sondern weil eine Einsicht in die Notwendigkeit der Zeugung zu ungefähr Mittsommer vorhanden war, ist anzunehmen, daß die Schamanen diesen Termin berechnet und bekanntgegeben haben.

Wie das Zeugungsfest dann konkret ausgesehen hat, läßt sich nicht mehr sagen – vom Sex in einer Beziehung über freien Sex zwischen allen, die sich dafür zusammentun, bis hin zum „rituellen Gruppensex" ist alles denkbar.

Es ist auch gut möglich, daß sich zu diesem Fest mehrere Sippen getroffen haben, die sonst alleine gejagt haben – derartige Treffen sind z.B. von den „Sommerlagern" der Prärie-Indianer bekannt. Bei diesen Treffen waren dann nicht die 20 bis 30 Menschen einer einzelnen Sippe zusammen, sondern mehrere 100 Menschen.

Diese Treffen werden dann auch der Zeitpunkt gewesen sein, in denen sich die Schamanen aus den verschiedenen Sippen getroffen haben und bei denen die Tempel erbaut worden sind.

Bei diesem Ritual wird vor allem die Symbolik der Herdentiere – also die Zeugungskraft und die Fruchtbarkeit – eine große Rolle gespielt haben. Es ist gut denkbar, daß es bei diesem Fest die Stiermasken-Tänze stattgefunden haben und die Frauen Kuhhörner in den Händen gehalten haben. Es würde auch durchaus zu dieser Symbolik passen, wenn die Menschen zu dieser Zeit eine Bukranium-Kette (Rinderkopf) getragen haben sollten.

Auch eine größere Bedeutung der Sonne wäre denkbar, da der Termin für das Zeugungsfest durch den Sonnenstand festgestellt werden konnte, dieser Termin genau die Sommersonnenwende ist, an der die Tage am längsten sind, und weil der Gang in dem Turm von Jericho genau auf den Aufgangspunkt der Sonne zur Sommersonnenwende zeigt.

In diesem Zusammenhang stellt sich auch noch die Frage, welche Sippenorganisation es damals gegeben hat. Die heutige Vater/Mutter/Kind-Kleinfamilie ist eher unwahrscheinlich. Eher wird es eine Sippenstruktur gegeben haben, bei der die Beziehung Mutter/Kind im Zentrum gestanden hat – zumindestens lassen dies die frühesten bekannten Familienstrukturen in der schriftlichen Überlieferung sowie die Beobachtungen der Sozialformen bei den Naturvölkern vermuten.

Über die konkrete Form dieses Rituals läßt sich in Bezug auf die Menschen von Göbekli Tepe wenig sagen – man weiß nur, daß es ein solches Ritual gegeben haben muß und daß es ungefähr zu Sommersonnenwende stattgefunden hat.

Nebenbei ergibt sich aus diesem Zeugungsritual zur Sommersonnenwende, daß die Menschen in der Steinzeit und auch in Göbekli Tepe von ihrem Sternzeichen her fast allesamt Widder gewesen sind – vielleicht mit ein paar Fischen und Stieren dazwischen.

X 4. Das Fruchtbarkeits-Ritual

Die Herdentiere waren das Symbol der Zeugungskraft und der Fruchtbarkeit. Daher wurden die Toten mit einem Herdentier identifiziert, damit sie bei der ihrer Wiederzeugung im Jenseits erfolgreich waren. Dieses Motiv ist ein Teil des Bestattungs-Rituals.

Diese Herdentier-Symbolik könnte jedoch auch auf die Lebenden angewendet worden sein, wenn es zu wenige oder nur zu schwache Neugeborene gab. Auch hier ist anzunehmen, daß die Eltern mit den Herdentieren identifiziert worden sind.

Schließlich könnte diese Symbolik auch auf die Herdentiere selber angewendet worden sein, wenn es an Jagdwild mangelte.

Auch hier ist die konkrete Form dieser Rituale unbekannt. Lediglich die Identifizierung der Menschen mit den Herdentieren ist sicher. Wie die Herdentiere selber „magisch vermehrt" worden sind, ist hingegen unklar.

Die aus der späten Altsteinzeit durch Gravuren und Malereien bekannten Herdentier-Tänzer könnten ein Bestandteil mehrerer Formen der Magie und des Rituals sein:

- das Rufen der Kraft der Herdentiere für einen Toten,

- das Rufen der Kraft der Herdentiere zur Vermehrung der Kinder,

- das Rufen der Kraft der Herdentiere zur Vermehrung der Herdentiere, und

- das Rufen der Herdentier-gestaltigen Ahnen zu den Lebenden.

Auch hier könnten die Stier-Masken und die Bukranium-Ketten in Gebrauch gewesen sein.

X 5. Der Jagdzauber

Der Jagdzauber besteht schlicht in der Identifizierung des Jägers mit dem Großraubtier, durch die er die Kraft, die Schnelligkeit und somit den großen Jagderfolg dieses Großraubtiers erlangen will.

Es ist denkbar, daß es dazu auch Worte und Gesang gegeben hat, aber das wichtigste Element wird das Anlegen des Großraubtier-Fells und der Großraubtier-Tanz gewesen sein.

Dieses Ritual fand naheliegenderweise vor der Jagd statt. Vermutlich wurde dieses Ritual nicht vor jeder Jagd, also fast jeden Tag, durchgeführt, sondern nur dann, wenn der Jagderfolg ausblieb.

Sehr wahrscheinlich wird dies ein ekstatisches Ritual mit Tanz und Trommeln und evtl. Gesang gewesen sein, da bei diesem Ritual die Kraft des Panthers gerufen werden sollte. Derartige Tänze von Jägern mit Pantherfellen sind von Wandgemälden in den Tempeln von Çatal Höyük um 7000 v.Chr. bekannt, auf denen sie Wildrinder und Hirsche jagen.

Aufgrund der großen Teilnehmerzahl (alle Jäger) und der ekstatischen Tänze werden diese Tänze außerhalb der Tempel stattgefunden haben.

X 6. Bestattungen

Aus den Funden der Jungsteinzeit in Mesopotamien ergibt sich ein komplexes, dreiteiliges Bestattungsritual. Vermutlich hat es viele verschiedene Varianten von diesem Ritual gegeben, aber die Grundzüge lassen sich rekonstruieren:

- Der Tote wurde nach seinem Tod in der Erde bestattet. Dabei wurde er mit einem Herdentier identifiziert, d.h. es wurde für ihn ein Herdentier geopfert und er wurde möglicherweise bei der Bestattung in das Fell dieses Tieres gewickelt. Dabei wird der Schamane die Seele des Toten ins Jenseits zu der Großen Mutter begleitet haben, mit der sich der Tote dann wiedergezeugt hat.

- Nach neun Monaten, also bei seiner Wiedergeburt im Jenseits nach der Schwangerschaft der Großen Mutter, wurde der Leichnam ausgegraben, von dem nun nur noch die Knochen übrig gewesen sind. Der Schädel kam nun in die Wohnhütte der Nachkommen dieses Toten, die übrigen Knochen kamen in das Beinhaus der Sippe oder des Dorfes.

Manchmal wurde der Totenschädel mit Ton überzogen und so plasticiert und bemalt, daß er dem Toten möglichst ähnlich sah. Dieser Brauch ist für Göbekli Tepe noch nicht nachgewiesen.

Der Schamane wird nun ins Jenseits gereist sein und wird die Seele des Toten in seinen Totenschädel geholt haben. Dieser Vorgang ist das zentrale Element in dem altägyptischen Bestattungsritual, in der der Sem-Priester (Schamane) in das Jenseits reist und die Seele des Toten in die für ihn angefertigte Statue zu holen. Diese steinernen Statuen haben sich aus den mithilfe von Ton angefertigten Schädel-Abbildern der Toten entwickelt.

Nun konnten die Lebenden mithilfe des Totenschädels jederzeit Kontakt mit der Seele des Toten aufnehmen.

- Wenn der letzte Mensch gestorben war, der den Toten noch persönlich gekannt hatte, wurde der Totenschädel des Toten ebenfalls in das Beinhaus gebracht, da er nun nicht mehr benötigt wurde.

101

Bei einigen afrikanischen Völkern wird schon sprachlich deutlich zwischen „Toter, den ein jetzt Lebender noch gekannt hat" und „Toter, den kein jetzt Lebender mehr persönlich gekannt hat" unterschieden.

Der Schamane hat bei dem Bestattungsritual viele Aufgaben, die von dem Opfern des Herdentieres über das Ausgraben des Schädels bis hin zu dem Legen der Gebeine in das Beinhaus reichen. Doch die zentralen Aufgaben sind die Begleitung der Seele des Toten zu seiner Wiederzeugung mit der Großen Mutter, das Holen der Seele des Toten in seinen Schädel und am Schluß das Entlassen der Seele des Toten in das „anonyme Jenseits" der Vorfahren gewesen sein.

Das Plastizieren der Ton-Maske auf dem Schädel wird nur gelegentlich auch zu den Aufgaben des Schamanen gehört haben, falls dieser zugleich ein guter „Ton-Künstler" gewesen ist. Auch das Herstellen der Stein-Statue des Toten in Ägypten fiel nicht in den Zuständigkeitsbereich des Sem-Priesters (Schamanen).

X 7. Das Jenseitsreise-Ritual

In den Mythen ist die Jenseitsreise so gut wie immer das „Überqueren des Großen Wassers". Durch diese Reise gelangt der Tote in das Jenseits und durch diese Reise erlangen Propheten, Heilige, Religionsgründer, König u.ä. den Kontakt zu der obersten Gottheit.

Da diese Symbolik in ganz Eurasien und Amerika vorhanden ist, wird sie auf die Weltanschauung der Jäger in der späten Altsteinzeit zurückzuführen sein.

Dieses Motiv findet sich an vielen Stellen: der Jenseitsfluß Styx der Griechen, der Jenseitsfluß Gjallar der Germanen, der zweigesichtige Jenseitsfährmann der Ägypter, der zweigesichtige Gott Janus der Römer, das Ausgesetzwerden des Moses auf dem Nil, die Fahrt des neugeborenen Königs Sargon von Akkad auf dem Tigris, das Ausgesetzwerden des Sigurd/Siegfried auf einem Fluß, das Durchschreiten des Roten Meeres durch die Israeliten, das Überqueren des Jordan durch Elias und Elisa, die Taufe Christi im Jordan, die Einweihung der Druiden in einem wassergefüllten Schacht, die großen Kessel auf Malta, die vermutlich für Jenseitsreisen benutzt worden sind usw.

Man kann zumindestens vermuten, daß die großen Gruben auf dem Göbekli Tepe auch mit Wasser gefüllt worden und für Jenseitsreisen/Taufen benutzt worden sind.

Die wichtigste Jenseitsreise wird jedoch wie in der Altsteinzeit und bei den meisten Naturvölkern das Nahtod-Erlebnis gewesen sein. Dies ist so gut wie überall das Fundament des Schamanismus. Anschließend erlangt der Schamane dann durch Übung die Fähigkeit, willentlich in das Jenseits zu reisen – entweder durch eine Tanz-

und Trommel-Ekstase oder durch eine Meditation (Traumreise).

Die Funde aus Göbekli Tepe lassen keine Rückschlüsse darauf zu, ob die damaligen Schamanen eher die Ekstase-Methode oder die Meditation verwendet haben. Der Rahmen eines Tempels läßt aufgrund des begrenzten Platzes in ihm eher eine meditative Methode vermuten – in Çatal Höyük sind um 7000 v.Chr. jedoch Panther-Tänzer, also die Ekstase-Methode der Schamanen dargestellt worden. Vermutlich wurde im Tempel die meditative Methode angewendet und außerhalb des Tempels sowohl die ekstatische als auch die meditative Methode.

In diesem Zusammenhang werden viele verschiedene Symboliken ein Rolle gespielt haben: die Große Mutter in ihren verschiedenen Erscheinungsformen, die Herdentier-Symbolik (Wiederzeugung, Wiedergeburt und Wiederstillens), die Pantherkraft des Schamanen, der Fuchs als Jenseitsführer des Schamanen, das Gleichnis zwischen Sonnenaufgang und Wiedergeburt, die Otter-Gestalt der Sonne in der Wasserunterwelt, die oben/unten-Geste, das Legen der Hände auf den Totenschädel und wahrscheinlich noch einiges mehr.

X 8.　Das Mulden-Ritual

Die Gruppen von ca. 30 Mulden in den Felsen außerhalb des eigentlichen Tempelbezirkes sowie oben auf den T-Pfeilern sind vermutlich „Türen zur Unterwelt" gewesen, durch die man Gaben an die Ahnen senden und durch die man sie um etwas bitten konnte.

Diese Gaben, die angesichts der Größe der Löcher sehr klein gewesen sein müssen, konnten z.B. Blut von Opfertieren oder auch einige Tropfen des eigenen Blutes gewesen sein. Die Opferung des eigenen Blutes ist insbesondere von den Plains-Indianern in Nordamerika gut bekannt, deren Lebensweise wahrscheinlich vieles von der Lebensweise der Menschen in der späten Altsteinzeit bewahrt hat.

Vielleicht waren diese Mulden aber auch nur „Fenster", durch die man mit den Ahnen im Jenseits sprechen konnte. Möglicherweise füllte man sie dafür mit Wasser, um eine direkte Verbindung zur Wasserunterwelt herzustellen.

Zu der Deutung der Mulden als „Türen zur Unterwelt" würde auch die Anzahl der Löcher in den Gruppen von Mulden passen, die ca. 1 bis 3 Dutzend umfassen und somit der vermuteten Größe einer Sippe entsprechen.

Die Mulden oben auf den T-Pfeilern werden dieser Deutung zufolge wohl erst nach dem Zuschütten des Tempels angelegt worden sein, um diese T-Pfeiler weiterhin als „Kanal" zu den Ahnen benutzen zu können – doch diese Annahme ist ungewiß.

Falls diese Deutung der Mulden zutreffen sollte, wären sie deutlich individuellere Formen der Religion gewesen als die Rituale in den Tempeln und wären weitgehend unabhängig von den Schamanen gewesen. Sie wären dann von einzelnen Menschen für ganz persönliche Probleme benutzt worden sein.

Auch hier wird dies oben/unten-Geste verwendet worden sein.

X 9. Das Namens-Ritual

Es ist unbekannt, ob es in Göbekli Tepe ein Namensgebungs-Ritual gegeben hat, da ein solches Ritual keinerlei Spuren hinterläßt. Da das Geben eines Namens bei den meisten Völkern als wichtig empfunden wird, ist dies meistens mit einem mehr oder weniger komplexen Ritual verbunden.

Bei manchen Völkern tragen Menschen auch im Laufe ihres Lebens verschiedene Namen. In diesem Fall bezieht sich der erste Name meistens auf irgendein auffälliges Ereignis zum Zeitpunkt der Geburt des betreffenden Kindes.

Man kann somit davon ausgehen, daß es auch in Göbekli Tepe irgendein Namensgebungs-Ritual gegeben haben wird, doch wie es ausgesehen haben mag, ist unbekannt.

X 10. Erwachsenwerden

Ein recht ähnliches und ebenfalls weitverbreitetes Ritual wie die Namensgebung ist die Aufnahme der Jugendlichen in den Kreis der Erwachsenen. Doch auch hier kann man nur vermuten, daß es ein solches Ritual gegeben haben wird, doch läßt sich darüber nur sagen, daß dabei wahrscheinlich der größte Teil der Erwachsenen der Sippe teilgenommen haben wird.

X 11. Weihungen

Auch Weihungen sind ein weitverbreitetes Ritual. Die ursprünglichste aller Weihungen ist vermutlich das Holen der Seele eines Toten in dessen Totenschädel bzw. später dann in dessen Statue. Daraus haben sich dann die Weihungen von Götterstatuen und noch später die Weihungen von Talismanen u.ä. entwickelt.

Ein anderer Ansatz zu einer Weihung ist die Assoziation. Wenn sich ein Tänzer mit einem Tier verbindet, weiht er sich sozusagen mit der Kraft dieses Tieres.

Man kann auch davon ausgehen daß z.B. die Skulptur eines Panthers auf einem T-Pfeiler genauso die Panther-Kraft herbeigeholt haben wird wie das Anlegen eines Pantherfells durch einen Jäger oder einen Schamanen.

Vermutlich ist schon damals zwischen „normalen Gegenständen" und „Gegenständen mit besonderer Kraft" unterschieden worden, aber inwieweit sich daraus bereits ein Konzept der „Weihung" ergeben hat, ist unsicher. Zumindestens wird es ein Konzept des „heilig sein" im Sinne von „besonders viel Lebenskraft haben" gegeben haben.

Diese „magische" Qualität werden u.a. die Tempel, die T-Pfeiler, die Totempfähle, die Totenschädel, die Pantherfelle, die Ritual-Kessel u.ä. gehabt haben. Falls in den damaligen Ritualen noch roter Ocker oder Blut zum Bemalen des Körpers u.ä. verwendet worden sein sollte, werden auch diese Substanzen als „Lebenskraft-reich" angesehen worden sein.

Auch hier wird die oben/unten-Geste die wichtigste Geste gewesen sein.

In manchen Sprachen wie z.B. dem Indischen gibt es verschiedene Worte für „Statue" und „geweihte Statue".

X 12. Schamanen

Die Karriere eines Schamanen beginnt mit einem Nahtoderlebnis. Anschließend wird der Betreffende von erfahrenen Schamanen darin angeleitet worden sein, wie er eine Astralreise und den Kontakt zu den Toten willentlich herstellen kann.

In diesem Zusammenhang wird der Schamane vermutlich auch gelernt haben, seine Kundalini zu erwecken. Es ist denkbar, daß er weiterhin auch in der Heilung von Krankheiten unterrichtet worden ist. Für diese Vorgänge sind keine Rituale notwendig.

Es ist jedoch denkbar, daß es so etwas wie die Aufnahme in die Schamanengemeinschaft gegeben hat, die mit einem Ritual verbunden gewesen sein könnte – ähnlich der Aufnahme in den Kreis der Erwachsenen. Wie dieses Ritual ausgesehen haben könnte, ist jedoch vollkommen unbekannt – denkbar wäre z.B., daß der Schamanen-Lehrling bei dieser Gelegenheit das erste mal ein Pantherfell tragen durfte.

Es scheint plausibel, daß es anschließend an das Anlegen des Pantherfells einen Panthertanz gegeben hat.

X 13. Heilungen

Auch im Zusammenhang mit Heilungen sind Rituale denkbar. Dies könnten die Anrufung von bestimmten Ahnen, von der Großen Mutter, von bestimmten Tieren u.ä. gewesen sein. Vielleicht hat es auch Rituale gegeben, bei der sich die ganze Sippe versammelt hat, ihre Hände auf den Kranken gelegt und ihm einen Teil der eigenen Lebenskraft übertragen hat – sozusagen ein „kollektives Reiki". Ein solches Ritual würde sich zwar gut in das, was von dem damaligen Weltbild bekannt ist, einfügen, aber das ist natürlich nur eine Vermutung.

Ob es damals schon so etwas wie Austreibungen von Krankheitsgeistern gegeben hat, ist vollkommen unbekannt – derartige Konzepte sind vermutlich erst später entstanden.

Die Benutzung der oben/unten-Geste scheint hingegen sehr wahrscheinlich zu sein.

X 14. Tänze

Yosef Garfinkel hat eingehend alle Menschendarstellungen aus der Jungsteinzeit in Mesopotamien untersucht und hat einige Kennzeichen des Tanzes in dieser Zeit herausgefunden:

- Man tanzte vor allem im Kreis und seltener auch in Reihen. Dabei bewegte man sich fast immer gegen den Uhrzeigersinn, was bedeuten wurde, daß man sich, da man bei den Tänzen zur Kreismitte blickt, nach links und folglich in die Vergangenheit und zu den Ursprüngen hin bewegt – dies entspricht der Bezogenheit auf die Große Mutter und die Ahnen und generell der Religion, die ein Wieder-Anbinden an einen Urgrund darstellt.

- Die Bewegungen und die Kleidung (oder Nacktheit) ist bei den Tänzern bzw. Tänzerinnen auf fast allen Abbildungen einheitlich dargestellt worden.

- Männer und Frauen scheinen fast immer getrennt zu tanzen.

- Man tanzte anscheinend vor allem im Freien, wobei in der Nähe der Tänzer oft ein Gebäude oder ein (Welten-)Baum zu sehen ist.

- In einigen wenigen Fällen wurden auch Masken benutzt. Die Verwendung von speziellen Masken oder Kleidungsstücken wie z.B. dem Fuchsfell oder eine Pantherkopf-Maske (Totempfahl) ist auch in Göbekli Tepe gut denkbar.

Die hier beschriebene Form des Tanzes sind Gruppentänze, die eher meditativ als ekstatisch zu sein scheinen. Sie werden daher eher die Verbindung miteinander oder auch das Herbeirufen der Ahnen dargestellt haben und weniger die „Panther-Ekstase".

Die Bilder, aus denen sich diese Charakterisierung der Tänze ergab, stammen zum größten Teil aus der mittleren und späten Phase der Jungsteinzeit, in denen der Ackerbau und die Viehzucht schon an die Stelle der Jagd getreten war. Daher haben diese Tänze eher die Grundstimmung des ruhigen, beschützten Gedeihens der Äcker als der wilden Jagd.

Es ist natürlich trotzdem gut möglich, das es in Göbekli Tepe auch ruhige Tänze gegeben haben wird – aber sicherlich nicht ausschließlich.

Während die ruhigen Gruppentänze vor allem gemeinschaftsfördernd sind, sind die ekstatischen Tänze eher magisch, d.h. sie sollen den Betreffenden in eine Jenseits-reise-Ekstase oder in eine Jagd-Ekstase versetzen.

X 15. Tempelbau

Es ist anzunehmen, daß es auch bei dem Bau eines Tempels Rituale gegeben hat. Es läßt sich jedoch nur einigermaßen sicher sagen, daß das Steingebäude erst dann zu einem Tempel wurde, wenn die verschiedenen Ahnen und Tiergeister in die T-Pfeiler und die Statuetten gerufen worden waren und wenn der Tempel als Bauch der Großen Mutter angesprochen und angesehen wurde.

Möglicherweise wurde ein neuer Tempel dann errichtet, wenn eine Sippe so groß geworden war, daß sie sich in zwei Sippe aufgeteilt hat und daher ein zusätzlicher Tempel gebraucht wurde.

X 16. Tempelbegrabung

Das Auffüllen und Bedecken eines Tempels mit Steinen und Erde hat vermutlich dann stattgefunden, wenn eine Sippe ausgestorben ist. Dabei ist es unklar, ob „ausge-storben" damals bedeutet hat, daß es in einer Sippe keine Männer mehr gegeben hat, daß es in einer Sippe keine Frauen mehr gegeben hat oder daß alle Sippenmitglieder gestorben waren.

Welche dieser drei Möglichkeiten zutrifft, hängt davon ab, welche Sippenstruktur es damals gegeben hat: die Orientierung am Vater, die Orientierung an der Mutter oder die Orientierung an beiden. Da es in den frühen Hochkulturen in Mesopotamien und in Ägypten ausgeprägte matrilineare Sturkturen, also die Orientierung an der Mutter gegeben hat, wird das vermutlich auch auf Göbekli Tepe zutreffen. Die Mutter eines Kindes ist im allgemeinen auch wesentlich sicherer zu erkennen als der Vater eines Kindes …

Das Ritual selber, mit dem man einen Tempel „beerdigt" hat, wird vermutlich eine gewisse Ähnlichkeit mit dem Bestattungsritual gehabt haben, wobei es dabei natürlich nicht die „Vorstellung einer Wiedergeburt" des Tempels gegeben haben wird.

XI Zusammenfassung

Es hat in Göbekli Tepe wahrscheinlich eine differenzierte Vielfalt von Ritualen gegeben. Sie bezogen sich auf den Kontakt zu der Großen Mutter, zu den Ahnen und zu den Tieren. Diese Rituale wurden zu einem von den Schamanen geleitet, manche wurden jedoch auch privat durchgeführt.

Neben den Ritualen in den Tempeln auf dem Göbekli Tepe gab es auch Rituale, die nicht auf dem „Bauchberg" durchgeführt worden sind. So werden z.B. die Jagdzauber eher auf dem „Dorfplatz" zwischen den Wohnhütten durchgeführt worden sein und nicht oben auf dem Göbekli Tepe, der unter Umständen weit von den Wohnhütten entfernt gelegen hat.

Auf dem „heiligen Berg" im Norden der Ebene, in der die damaligen Menschen gejagt haben, werden nur die wichtigeren Rituale durchgeführt worden sein. Dort werden sich die Menschen vermutlich im Sommer auch zu größeren Versammlungen getroffen haben. Vermutlich fand dort auch das Zeugungsfest statt.

Viele der damaligen Rituale wie die Namensgebung, die Aufnahme in den Kreis der Erwachsenen und Heilungen werden in der Sippengemeinschaft auf dem „Dorfplatz" stattgefunden haben – sie betrafen auch nur die Sippe und nicht die größere, aus vielen Sippen bestehende Gemeinschaft, die die Tempel von Göbekli Tepe erschaffen hat.

Die Rituale auf dem Bauchberg werden im Verlauf eines Jahres etwas Besonderes gewesen sein – man unterbrach dafür die Routine der täglichen Jagd und mußte evtl. mehrere Tage lang bis oben auf den Berg wandern.

Diese größeren oder besonderen Rituale, die auf dem Göbekli Tepe stattfanden – vermutlich vor allem zur Sommersonnenwende – werden von den Schamanenbünden geleitet worden sein, die auch den Bau der Tempel organisiert haben werden.

Die Planung und Leitung des Baus der Tempel und der Feste in ihnen wird einiges an Organisationstalent erfordert haben.

Ein angehender Schamane hatte damals viel zu lernen ...

Bücher von Harry Eilenstein

- The Synthesis of Physics and Magic (192 p.) - Telepathy for Beginners (60 p.) - Telepathy for Advanced Learners (52 p.) - Telekinesis for Beginners (56 p.) - Life Force for Beginners (76 p.) - Kundalini for Beginners (104 p.) - Astral Projection for Beginners (60 p.) - Meditation for Beginners (60 p.) - Prophecy for Beginners (60 p.) - Ritual Magic for Beginners (64 p.) - Magic Chant for Beginners (108 p.) - Invocations for Beginners (52 p.) - Evocations for Beginners (62 p.) - Auto-Movement for Beginners (60 p.) - Elves for Beginners (56 p.) - Hypnosis for Beginners (56 p.) - Love Magic for Beginners (52 p.)	- Money Magic for Beginners (60 p.) - Magic Objects for Beginners (64 p.) - Shamanism for Beginners (52 p.) - Chakra-Magic for Beginners (148 p.) - Language of the Moon – for Beginners (128 p.) - Self Knowledge for Beginners (60 p.) - Da'ath-Magic for Beginners (64 p.) - Astrology for Beginners (112 p.) - Number Symbolism for Beginners (64 p.) - Mandalas for Beginners (76 p.) - Crop Circles for Beginners (344 p.) - Feng Shui for Beginners (96 p.) - Magic Research for Beginners (140 p.) - Magic for Beginners – Anthology I (636 p.) - Magic for Beginners – Anthology II (616 p.) - Magic for Beginners – Anthology III (684 p.) - Magic for Beginners – Anthology IV (580 p.)

Religion allgemein
- Die sieben Schritte des Lebens (428 S.)
- Muttergöttin und Schamanen (168 S.)
- Totempfähle (440 S.)
- Der Urriese (168 S.)

Jungsteinzeit
- Göbekli Tepe (472 S.)
- Die Göttin von Göbekli Tepe (144 S.)
- Die Rituale von Göbekli Tepe (112 S.)

Ägypten
- Hathor und Re 1: Götter und Mythen im Alten Ägypten (432 S.)
- Hathor und Re 2: Die altägyptische Religion – Ursprünge, Kult und Magie (396 S.)
- Isis (508 S.)
- Ma'at (200 S.)

Christentum
- Christus (60 S.)
- Die Biographie des Teufels (144 S.)

Indogermanen
- Die Entwicklung der indogermanischen Religionen (700 S.)
- Wurzeln und Zweige der indogermanischen Religion (224 S.)

Griechen
- Pan (336 S.)
- Poseidon (668 S.)

Inder
- Dakini (80 S.)
- Vajra (76 S.)

Germanen
- Die Götter der Germanen (87 Bände – siehe nächste Seite)
- Odin (300 S.)

Kelten
- Cernunnos (690 S.)
- Taliesin (228 S.)
- Der Kessel von Gundestrup (220 S.)
- Der Chiemsee-Kessel (76)

Psychologie
- Über die Freude (100 S.)
- Das Geheimnis des inneren Friedens (252 S.)
- Das Beziehungsmandala (52 S.)
- Gefühle und ihre Verwandlungen (404 S.)
- einsgerichtet (140 S.)
- Liebe und Eigenständigkeit (216 S.)
- Von innerer Fülle zu äußerem Gedeihen (52 S.)

Heilung
- Die Symbolik der Krankheiten (76 S.)

Kunst
- Herz des Tanzes – Tanz des Herzens (160 S.)
- Die Wurzeln der Kunst (60 S.)
- Wege zur Musik-Improvisation (32 S.)

Drama
- König Athelstan (104 S.)

„Magie für Anfänger"

- Telepathie für Anfänger (60 S.)
- Telepathie für Fortgeschrittene (52 S.)
- Telekinese für Anfänger (52 S.)
- Analogien für Anfänger (56 S.)
- Omen und Orakel für Anfänger (52 S.)
- Lebenskraft für Anfänger (60 S.)
- Meditation für Anfänger (56 S.)
- Kundalini für Anfänger (100 S.)
- Hypnose für Anfänger (56 S.)
- Kampfmagie für Anfänger (172 S.)
- Auto-Movement für Anfänger (56 S.)
- Chakra-Magie für Anfänger (148 S.)
- Astralreisen für Anfänger (56 S.)
- Astrologie für Anfänger (120 S.)
- Astrologische Quadrate für Fortgeschrittene (72 S.)
- Silberschnüre für Anfänger (52 S.)
- Zaubersprüche für Anfänger (60 S.)
- Ritual-Magie für Anfänger (56 S.)
- Mandalas für Anfänger (68 S.)
- Geldzauber für Anfänger (56 S.)
- Liebeszauber für Anfänger (52 S.)
- Invokationen für Anfänger (52 S.)
- Evokationen für Anfänger (60 S.)
- Geister für Anfänger (52 S.)
- Elfen für Anfänger (56 S.)
- Magie-Forschung für Anfänger (140 S.)
- Magie-Romantik für Anfänger (60 S.)
- Selbsterkenntnis für Anfänger (52 S.)
- Einweihungen für Anfänger (60 S.)
- Drogen-Kabbala für Anfänger (216 S.)
- Zahlensymbolik für Anfänger (60 S.)
- Die Sprache des Mondes – für Anfänger (116 S.)
- Zaubergesänge für Anfänger (100 S.)
- Zukunftschau für Anfänger (60 S.)
- Schamanismus für Anfänger (52 S.)
- Schwitzhütten für Anfänger (52 S.)
- Magische Gegenstände für Anfänger (68 S.)
- Übertragungen für Anfänger (68 S.)
- Zaubertränke für Anfänger (64 S.)
- Magie-Gesten für Anfänger (252 S.)
- Da'ath-Magie für Anfänger (64 S.)
- Magie-Heilungen für Anfänger (68 S.)
- Kornkreise für Anfänger (348 S.)
- Feng Shui für Anfänger (96 S.)
- Tao für Anfänger (112 S.)
- Magie für Anfänger – Sammelband   I (696 S.)
- Magie für Anfänger – Sammelband II (664 S.)
- Magie für Anfänger – Sammelband III (580 S.)
- Magie für Anfänger – Sammelband IV (700 S.)
- Magie für Anfänger – Sammelband   V (676 S.)
- Magie für Anfänger – Sammelband VI (640 S.)

„Traumreisen"

- Traumreisen zu Heilpflanzen (700 S.)

Magie

- Handbuch für Zauberlehrlinge (408 S.)
- Wie man das Pentagramm-Ritual zum Leben erweckt (308 S.)
- Tarot (104 S.)
- Physik und Magie (184 S.)
- Die Synthese von Physik und Magie (200S.)
- Die Magie-Formel (156 S.)
- Schwarze Löcher in der Magie (56 S.)
- Krafttiere – Tiergöttinnen – Tiertänze (112 S.)
- Schwitzhütten (524 S.)
- Mythen und Magie der Harfe (116 S.)
- Drei Adeptus Major Rituale (192 S.)
- Drei Adeptus Exemptus Rituale (120 S.)
- Zwei Infans Abyssi Rituale (128 S.)
- Die Magie der Propheten Elias und Elisa (96 S.)

Meditation

- Der Lebenskraftkörper (230 S.)
- Die Chakren (100 S.)
- Das Chakren-System mit den Nebenchakren (296 S.)
- Organe und Chakren (64 S.)
- Die platonischen Körper in den Chakren (156 S.)
- Meditation (140 S.)
- Drachenfeuer (124 S.)
- Kundalini I (676 S.)
- Kundalini II (672 S.)
- Reinkarnation (156 S.)
- einsgerichtet (140 S.)

Astrologie

- Astrologie (496 S.)
- Photo-Astrologie (428 S.)
- Die astrologischen Aspekte (88 S.)
- Horoskop und Seele (120 S.)

Kabbala

- Kursus der praktischen Kabbala (150 S.)
- Eltern der Erde (450 S.)
- Blüten des Lebensbaumes:
  - Die Struktur des kabbalistischen Lebensbaumes (370 S.)
  - Der kabbalistische Lebensbaum als Forschungshilfsmittel (580 S.)
  - Der kabbalistische Lebensbaum als spirituelle Landkarte (520 S.)
- Logik und Wirkung der Analogie (700 S.)

Eilenstein, Frater V.D., Knecht, Büdenbender

- Magie heute – Berichte aus der Praxis (288 S.)
- Living Magic (261 p.)

Büdenbender, Eilenstein

- Chaos, Alk und Magic (436 S.)

Die Themen der 87 Bände der Reihe „Die Götter der Germanen"